DUMONT EXTRA

Madeira

Ulli Langenbrinck

Inhalt

Bemvindos! *4*

Geschichte *10*

Gut zu wissen! *12*

Feste & Unterhaltung *14*

Essen & Trinken *16*

Sport & Freizeit *18*

Reise-Service *22*

Orte von A–Z *26*

Extra-Touren *82*

Extra-Tour 1 *84*
Souvenir-Potpourri

Extra-Tour 2 *86*
Die Weine von Madeira

Extra-Tour 3 *88*
Panoramatour – die spektakulärsten Aus-, Ein- und Überblicke

Extra-Tour 4 *90*
Dreimal Wandern – dreimal Levadas

Extra-Tour 5 *92*
Ein Ausflug nach Porto Santo

Impressum/Fotonachweis *94*

Register *95*

Bemv

Kurioserweise ist die Entdeckung von Madeira mit einer tragischen Lovestory verbunden: Angeblich – so will es eine hübsche Legende – strandete ein Liebespaar aus England schon 1346 auf der Insel, genauer, in Machico, das heute noch stolz auf seinen herzzerreißenden Entstehungsmythos ist. Der englische Aristokrat Machim und seine Geliebte Anne sahen, um

indos!

ihre Liebe zu retten, keine andere Möglichkeit, als aus der Heimat über die Meere zu fliehen. Doch auch auf der Blumeninsel im Atlantik kam es nicht zum Happy End: Anne starb an Heimweh und Machim bald an gebrochenem Herzen! Sein letzter Wille: Man möge für das Seelenheil der beiden eine Kapelle errichten – die Kapelle des Wundertätigen Herrn.

Madeira
"Blumeninsel im Atlantik"

Offiziell wurde Madeira jedoch erst 1418 von den Portugiesen entdeckt, die die Insel als Stützpunkt für ihre Entdeckungsfahrten nach Afrika nutzten. Eine Zeit lang wurde Madeira vom Zuckerrohranbau geprägt, doch nach der Entdeckung Brasiliens geriet die Insel nahezu in Vergessenheit. Die Lage an den Handelsrouten ließ sie dann zum Spielball der Nationen werden: Mal fielen die Spanier ein, mal die Engländer und immer wieder die Piraten.

Das milde Klima, die spektakuläre Berglandschaft und der ungeheure Blumenreichtum Madeiras führten dazu, dass die Engländer seit dem 19. Jh. die Insel sozusagen adoptierten – bekannte Schriftsteller, Dichter, Geschäftsleute und Politiker verbrachten die Wintermonate auf Madeira. Einer der berühmtesten: Winston Churchill. Er kam mit seiner Staffelei und malte am liebsten den pittoresken Fischerort Câmara de Lobos. Die Familie Blandy, deren Weinhandel den Madeirawein weltberühmt und zum britischen Nationalgetränk machte, gehört noch heute zur Insel-Aristokratie. Umgekehrt wurde der feine englische Tee zu einer Art Nationalgetränk in Funchal – wer möchte, kann sich dem *British way of life* hingeben und stilvoll in eleganten Teehäusern pausieren, am besten im exquisiten Reid's Palace Hotel. Warum nicht mal Tee trinken mit der Upperclass? Auch echte europäische Aristokraten liebten und schätzten die Insel; Kaiserin ›Sissi‹ von Österreich erholte sich in der Quinta Vigia in Funchal von ihren Nervenkrisen, Kaiser Karl I. von Österreich starb im Exil auf Madeira und wurde in der Kirche von Monte begraben.

In einer windgeschützten, sonnenverwöhnten Bucht gründeten die Portugiesen 1425 schließlich die Stadt Funchal (*funcho* = Fenchel), denn das liebliche Tal war über und über mit duftendem Fenchel bedeckt. Heute ziehen sich die weißen Häuser Funchals mit ihren terrakottafarbenen Dächern bis hoch in die majestätischen Hänge hinauf: Die Stadt wirkt wie ein gigantisches Amphitheater mit dem Meer als Bühne. Verschwiegene Gässchen führen auf die Plätze der historischen Altstadt *(zona velha)*, schmale Straßen durch Viertel mit eleganten Stadthäusern, deren Balkone kunstvoll geschmiedete Gitter zie-

Bemvindos

Porto da Cruz: Ein Traum in Blau und Grün

ren, zu stillen grünen Innenhöfen, traditionsreichen Geschäften, eleganten Cafés und schlichten Fischerkneipen. Straßennamen erzählen von der bewegten Geschichte der Insel: z. B. der ehemalige Sklavenmarkt Pelourinho, die ›Maurenstraße‹, die ›Straße der Schwarzen‹ – als Madeira im Rausch des ›weißen Goldes‹ lebte und der hiesige Zucker in Europa so beliebt und kostbar war, dass die flämischen Handelshäuser die Madeirenser Zuckerbarone mit wertvollen Gemälden bezahlten, die man heute im Museu de Arte Sacra in Funchal bewundern kann.

Doch die unbestrittenen Höhepunkte einer Madeira-Reise sind vor allem landschaftlicher Art: atemberaubende Ausblicke auf Steilküsten, bizarre Felsformationen, rauschende Wasserfälle, winzige Dörfer, die aussehen, als wären sie in die Felsen gemeißelt. Schon beim Anflug gewinnt man einen ersten Eindruck: Aus den Atlantikwellen ragt majestätisch ein rötlich schimmerndes Vulkangebirge auf, überzogen von sattgrünen Wäldern. Dazwischen abgrundtiefe Schluchten und Täler, Dunstschleier hängen über den höchsten Gipfeln. Das Flugzeug zieht eine weite Landeschleife über dem Meer, dann werden weiße Häuser sichtbar und die handtuchschmalen Terrassenfelder scheinen zum Greifen nah, Palmen nicken zur Begrüßung, bunt blühende Büsche rasen vorbei, der Pilot bremst kräftig. Beim ersten Schritt auf die Gangway umfängt den Besucher warme, seidenweiche Luft – wir sind auf Madeira, der ›Purpurinsel‹, der ›Waldinsel‹. Ob dieser paradiesische Flecken im Atlantik die Spitze des sagenumwobenen Atlantis ist? Der kurze Weg auf kurviger Landstraße vom Flughafen Santa Cruz in die Inselhauptstadt Funchal führt vorbei an blauen und weißen Hyazinthen, Agaven und überdimensionalen roten Christsternen, dazwischen Strelitzien, Flamingoblumen, Bougainvilleen, Hibiskus ...

Madeira sei die ›Blumeninsel im Atlantik‹, ein ›schwimmender Garten‹, ein ›einzigartiges Naturparadies‹ – so schwärmten schon vor Jahrhunderten Besucher der Insel. Außerdem hat sich hier ein Lor-

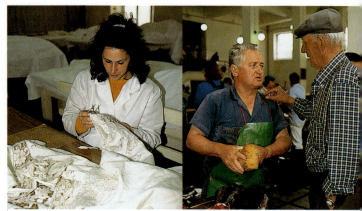

Wahre Madeirenser Genüsse: feinste Stickerei und guter Fisch ...

beerwald erhalten können, der nach der Eiszeit in Südeuropa und Nordafrika voll und ganz verschwunden war. Das ganzjährig milde Meeresklima schützte dagegen diese 20 Mio. Jahre alte Vegetation vor den Auswirkungen der Eiszeit – ein Grund, warum vor allem Wissenschaftler und Botaniker die Insel als einzigartiges Forschungsgebiet schätzen. Diese ursprüngliche Vegetation macht heute immerhin noch etwa 16 % der Inseloberfläche aus, umfasst Gebiete von insgesamt etwa 12 000 ha und bildet den Kern des unter strengen Schutz gestellten Naturparks von Madeira.

Doch auch ohne wissenschaftliches Interesse kann man über die vielfarbige Blütenpracht ins Schwärmen geraten, denn hier scheint einfach alles zu gedeihen: exotische Pflanzen und Bäume, kostbare Orchideen, Gewächse in allen Regenbogenfarben, die betörende Düfte verströmen, Palmen, Zitrusfrüchte, Kräuter.

Aber: Madeira bietet mehr als Blütenzauber. Sie werden überrascht sein von den vielen Leckerbissen aus Meer und Gebirge, die die Madeirenser Küche auftischt:

vom traditionellen Espada-Fisch über aromatische Rindfleischspieße – wobei der Spieß aus einem frischen Lorbeerzweig besteht –, knusprigem Süßkartoffelbrot bis hin zu fantasievollen Süßspeisen wie ›Nonnenküssen‹ und ›Venuseiern‹, nicht zu vergessen die Vielfalt tropischer Früchte wie Mangos, Guaven, Kaktusfeigen, Papayas und Passionsfrüchte.

So gestärkt lassen sich die landschaftlichen Schönheiten um so leichter entdecken: verwunschene Lorbeerwälder mit Flechten, Moosen und Farnen; allein mit dem Wind auf der einsamen Hochebene Paúl da Serra, die sich nicht nur im Winter häufig in Nebelschwaden hüllt; steil abfallende Klippen, die im Sonnenuntergang purpurfarben leuchten. Romantische Spaziergänge entlang den Levadas, den Bewässerungskanälen. »Man sieht tiefe Talfurchen, steile Wände, rundliche Kappen dicht neben hoch aufstrebenden Hörnern; man überschreitet Stellen an jähen Abhängen, wo fast Schwindel den Reisenden überfallen möchte ...« Was den Schweizer Kartografen Jakob Melchior Ziegler zu Beginn des 20. Jh. be-

Bemvindos

... und ein Schwatz ist immer drin

eindruckte, löst auch heute Staunen und Begeisterung bei den Besuchern aus: der Archipel ist mit seinen 787,4 km² flächenmäßig zwar recht klein, doch auf diesem winzigen Raum hat die vulkanische Tätigkeit für unzählige spektakuläre Highlights gesorgt. Steil und schroff fallen hohe, zerklüftete Felswände ins Meer ab – größtenteils ist Madeira eine ›uferlose‹ Insel. Mit 580 m ist das Cabo Girão an der Südküste das zweithöchste senkrecht zum Meer abfallende Kliff der Welt – und nur wenige hundert Meter von der Küste entfernt ist das Wasser bereits 1500–2000 m tief! Den Inselkern bildet ein Bergmassiv aus verwitterten Lava-Riesen. Auf dem weit gestreckten Hochplateau entspringen viele Quellen und Bäche, die sich nach Norden und Süden ihren Weg durch Felsen gebahnt und tiefe, schmale Täler geformt haben. Vor allem im Nordwestteil der Insel schießen unzählige Quellen und unterirdische Flüsse aus den bizarr geformten Küstenfelsen über die schmale Landstraße, was ihr den Beinamen ›Waschstraße‹ eingetragen hat. An der Nordküste, bei Porto Moniz, flossen vor rund 2 Mio. Jahren Lavaströme ins Meer, aus denen die Meeresbrandung in hartnäckiger Arbeit natürliche ›Schwimmbäder‹ geschaffen hat. So muss trotz fehlender Strände niemand in Madeira aufs Schwimmen verzichten. Meeresschwimmbäder mit abgesicherten Zugängen und großzügig geschnittene Hotelpools mit angenehm temperiertem Wasser stehen fast überall auf der Insel zur öffentlichen Verfügung.

Und wer doch nicht auf ein Sonnenbad am Sandstrand verzichten will, auf der Nachbarinsel Porto Santo verwöhnen ein 8 km langer, goldgelber Sandstrand und warme Atlantikwellen die Besucher. In Vila Baleia lebte einige Jahre Christoph Kolumbus – der Entdecker, der das europäische mittelalterliche Weltbild endgültig aus den Angeln hob. Ein Kurztrip nach Porto Santo lohnt sich auch im Winter, denn das winzige Inselchen mit seinen Windmühlen, den weiß gekalkten Häusern, den karg bewachsenen Bergen und den bizarr geformten Küstenfelsen vermittelt in der Tat ein Gefühl vom ›Ende der Welt‹.

Geschichte

Es muss nicht immer Zuckerhut sein

1351	Der Madeira-Archipel ist auf einer florentinischen Seekarte mit italienischem Namen verzeichnet.
1418–1420	João Gonçalves Zarco und Tristão Vaz Teixeira nehmen für die portugiesische Krone Madeira in Besitz. Rasch folgen ihnen Siedler aus Portugal.
1440–1455	Tristão Vaz Teixeira wird zum Legatskapitän des Ostteils von Madeira, João Gonçalves Zarco für den Westteil ernannt. Erster Weinanbau auf Madeira.
1479–1482	Christoph Kolumbus heiratet Felipa Moniz und lebt mit ihr zunächst auf Porto Santo, später auf Madeira. Auf beiden Inseln erhält er wichtige Informationen für seine geplanten Entdeckungsfahrten.
1497	König Manuel I. gliedert den gesamten Madeira-Archipel in das Königreich Portugal ein und erklärt Funchal zur alleinigen Hauptstadt.
1508	Madeira ist durch Zuckeranbau zu einem wichtigen Wirtschaftsfaktor im portugiesischen Reich geworden. König Manuel I. verleiht Funchal Stadtrechte.
1514	Funchal wird Bischofssitz.
1530	Die karibischen und lateinamerikanischen Kolonien Spaniens und Portugals werden zur ernsthaften Konkurrenz für die Zuckerproduktion auf Madeira.
1566	Der französische Pirat Bertrand de Montluc überfällt und plündert Funchal. Ende der Blütezeit.

Geschichte

1581–1620	Portugal und Madeira fallen an Spanien. Die portugiesischen Küsten leiden immer mehr unter den Angriffen englischer Piraten. Auf Madeira werden weitere Befestigungsanlagen gebaut. Der englische Seeräuber John Ward plündert im Auftrag des Bey von Tunis Funchal und verschleppt 1200 Menschen nach Nordafrika in die Sklaverei.
1640	England unterstützt Portugal beim siegreichen Unabhängigkeitskrieg gegen Spanien.
1662–1668	Die portugiesische Königstochter Katharina von Braganza heiratet den englischen König Charles II. Englische Kaufleute lassen sich auf Madeira nieder und übernehmen den Weinhandel. Im Vertrag von Lissabon erhält Portugal seine nationale Unabhängigkeit zurück.
1703	Durch den englisch-französischen Krieg und das englische Weinembargo gegen Frankreich avanciert Madeira zu einem wichtigen Weinexporteur innerhalb Europas.
1807–1814	Unter Napoleon besetzen die Franzosen Portugal; die Engländer stationieren Truppen auf Madeira.
1852–1872	Choleraepidemie mit 7000 Toten; fast alle Weinstöcke auf Madeira werden zuerst durch den Mehltau und dann von einer Reblausart vernichtet.
1910–1931	Attentat auf den portugiesischen König, Ausrufung der Republik in Portugal. Hungerrevolten und Generalstreiks werden vom portugiesischen Militär niedergeschlagen.
1949	Funchal und Southampton werden durch eine Flugbootlinie verbunden.
1960/1964	Eröffnung des Flughafens auf Porto Santo, dann auf Madeira (Santa Catarina). Der Tourismus wird zu einem wichtigen Wirtschaftszweig.
1974–1976	Nelkenrevolution in Portugal gegen die Diktatur von Salazar/Caetano. 1976 erhält Madeira als Autonome Region weitreichende Selbstverwaltungsrechte.
2000	Die neue Landebahn des Flughafens Santa Catarina wird eingeweiht, und die Seilbahn (Teleférico) zwischen Funchal und Monte nimmt den Betrieb auf.

Gut zu wissen!

Vorsicht: spielende Kinder

Regen & Sonne: In den ersten Urlaubstagen werden Sie womöglich skeptische Blicke zum wolkenverhangenen Himmel werfen – bis Sie festgestellt haben, dass auf Madeira nahezu immer irgendwo die Sonne scheint. Nur vielleicht nicht an dem Ort, wo Sie sich gerade befinden. Einheitliches Wetter, das gibt es selten auf Madeira: Während in Funchal die Sonne scheint, regnet es vielleicht in Camacha oder in São Vicente bläst ein kalter Wind – und das kann sich im Laufe eines Tages auch noch mehrmals ändern. In den Tageszeitungen erscheinen sehr differenzierte Wetterberichte, und wer es ganz genau wissen will, kann das Centro Meteorológico in Funchal (Tel. 291 22 67 56, 291 22 14 74) und auf Porto Santo (Tel. 291 98 21 38) anrufen, wo die Auskunft auf portugiesisch und englisch erteilt wird. Im Zweifelsfall: immer eine Regenjacke und einen warmen Pullover dabeihaben, vor allem bei Ausflugen ins Gebirge!

Blühende Souvenirs: Besonders beeindruckt sind viele Besucher von der exotischen Blütenpracht, für die man in den Blumenläden des nördlichen Europa astronomische Preise zahlen muss. Es versteht sich von selbst, dass man die Pflanzen nicht einfach ausreißen oder abschneiden sollte: Auf dem Markt von Funchal und in den Blumenläden kann man viele der herrlichen Blumen – z. B. die ganzjährig blühenden Anthurien mit ihren herzförmigen weißen und scharlachroten Spathen und zahlreiche Orchideenarten – käuflich erwerben und für den Transport nach Hause verpacken lassen! Hier eine kleine Auswahl: Eines der beliebtesten und auffälligsten Gewächse ist die Paradiesvogelblume *(Strelitzia regina)* aus Südafrika: Ihre große Blüte erinnert an einen bunten Vogelkopf. Hotels und Restaurants schmücken mit dieser kuriosen Blüte gerne ihre Räume, sie taucht sogar auf Kacheln *(azulejos)* auf und erfreut sich als haltbare Exportblume äußerster Beliebtheit. Die Farben – Orange, Gelb und Blau – machten die Strelitzie auf Madeira zur ›Nationalblume‹. Die Flussbetten Funchals überwuchern violette, rosafarbene, ziegelrote oder weiße Bougainvilleen. An den Straßen-

Gut zu wissen

rändern leuchten die großen Dolden des blauen oder weißen *Agapanthus africanus,* wild wachsen die Belladonnalilie mit rosafarbenen Blüten und das weißgelbe oder rötliche Geißblatt, scharlachrote Trompetenblumen klettern die Hauswände empor. Nahezu überall auf Madeira wächst der Chinesische Roseneibisch *(Hibiscus rosa-sinensis),* der das ganze Jahr über weiß, gelb, rosa oder rot blüht. Auch Ritterstern oder Amaryllis mit bis zu 20 cm großen, eleganten Blüten in Weiß, Rosen- oder Lachsrot sowie die kugeligen Hortensien zieren Straßenränder, Parks und Gärten. Im Herbst bringt der Oleander eine Fülle weißer oder rosaroter Blütenkaskaden hervor, die jedoch von den ähnlichen blassgelben und rosaroten Frangipangi in ihrer Pracht noch übertroffen werden. Die auch bei uns bekannte Zimmercalla mit ihren graziös geformten weißen Spathen wächst auf Madeira wild, vor allem an den Flussufern.

Der große Nepp: Vielleicht fühlen Sie sich auf Madeira so wohl, dass sie ernsthaft überlegen, sich ein Haus oder eine Wohnung auf der Insel zu kaufen. Gehen Sie aber unbedingt zu einer seriösen Immobilienfirma und ignorieren Sie die Schlepper, die häufig vor den Hoteleingängen auf ahnungslose Touristen lauern. Sie bieten sogenannte Timeshare-Verträge an, mit denen Sie für eine bestimmte Zeit im Jahr Wohnrecht in einer Immobilie erwerben. Im Allgemeinen sind die Konditionen grotesk überteuert, was die Schlepper aber nicht davon abhält, Touristen immer wieder hartnäckig in Kaufgespräche zu verwickeln. Lassen Sie sich auf gar keinen Fall zu einer Unterschrift überreden und wenden Sie sich im Zweifelsfall an die Hotelrezeption.

Die Desertas als Wetterfrösche

**Die drei Desertas-Inseln vor der Südküste Madeiras eignen sich gut für eine detaillierte Wetterprognose. Hier einige Interpretationsmöglichkeiten: Wenn die Inseln zum Greifen nah erscheinen, muss man mit Regen rechnen; sind die Desertas wolkenverhangen, kommt der Wind von Nordosten und, demzufolge sind Westen, Südwesten und Nordwesten klar, während der Osten bewölkt sein kann; liegen die Desertas im Dunst, ist der Süden Madeiras wahrscheinlich bewölkt, in allen anderen Teilen der Insel scheint jedoch die Sonne; sieht man die Dersertas klar und ohne verschwimmende Konturen am Horizont, ist meist der Westen Madeiras bewölkt, während es im Südosten, Nordosten und Osten klar ist. Also: Versuchen Sie sich selbst als Wetterfrosch.
*Boa sorte!***

Feste & Unterhaltung

Februar
Karneval: wird mit lautem Getöse und bunten Masken gefeiert – Große Umzüge am Karnevalsamstag und -dienstag in Funchal.

April/Mai
Blumenfest *(Festa das Flores):* Ende April/Anfang Mai, rauschendes Frühlingsfest in Funchal. Höhepunkt: Parade blumenbekränzter Wagen. Junge Madeirenserinnen kostümieren sich fantasievoll als ›Blumen‹ und stellen nahezu alle Blütengattungen der Insel vor.
Fest Nossa Senhora de Fátima: 13. Mai in Funchal. Für die Gläubigen von Funchal ein hoher Feiertag, an dem sie sich zu einer großen Prozession treffen.
Musikfestival: Mai/Juni in Funchal. Viele interessante Konzerte im Teatro Municipal und in der Kathedrale (aktuelles Programm bei Touristeninformation, s. S. 22).

Juni
Bach-Festival: in Funchal. Mit klassischen Konzerten in Kirchen und im Teatro Municipal.

August
Wein-Ralley: Anfang August. Eine der schwierigsten Autorallyes von Europa startet in Funchal und führt über die ganze Insel.
Fest Nossa Senhora do Monte: 14./15. August, Fest der Schutzheiligen von Madeira in Monte und Funchal. Größtes religiöses Fest der Insel mit Wallfahrt und Prozession. Tausende Pilger erklimmen die Stufen zur Kirche Nossa Senhora do Monte in Monte auf Knien.

September
Festa do Vinha Madeira: dritter Sonntag im Sept. Weinfest in Funchal und Câmara de Lobos, mit Straßentheater, Folklore und Weinproben. Hier kann man selbst die Trauben stampfen und sich an allen Weinsorten berauschen.

Dezember
Fest der Imaculada Conceição (Unbefleckte Empfängnis): 8. Dez. Der Beginn der Weihnachtszeit wird mit traditionellem Honigkuchen *(bolo de mel)* und fantasievoll bunter Straßenbeleuchtung gefeiert.
Natal (Weihnachten): 25. Dez. Auf Madeira in erster Linie ein Familienfest. In vielen Dörfern gehört das rituelle Schweine-Schlachten dazu. Doch genau genommen beginnt Weihnachten schon 24 Std. vor Heiligabend, denn dann macht man in Funchal die Nacht zum Tag; selbst der Markt hat rund um die Uhr geöffnet. Am Heiligabend um 24 Uhr feierliche Mitternachtsmesse in der Kathedrale.
Silvester: Mit einem spektakulären Feuerwerk in der Bucht von Funchal begrüßen die Madeirenser das neue Jahr; die Schiffssirenen im Hafen tuten, die Glocken läuten, und fast alle Häuser der Hauptstadt sind beleuchtet. Ein opulentes Silvesteressen und reichlich Wein gehören natürlich auch zum Fest.

Feste & Unterhaltung

Die ganze Blumenpracht der Insel: Auf der Festa das Flores kann man sie in allen nur erdenklichen Farben und Formen genießen

Gesetzliche Feiertage

Neujahr: *Ano Novo*
Februar: Karneval (Mo, Di)
März/April: Karfreitag und Ostern
25. April: *Día da Liberdade* (Tag der Freiheit), der an die Nelkenrevolution 1974 in Portugal erinnert, die den Kolonialkriegen und der Diktatur Caetanos ein Ende machte.
beweglich: *Espírito Santo*, Pfingsten
1. Mai: Tag der Arbeit
29. Mai: Corpus Christi
10. Juni: *Día de Portugal*, Nationalfeiertag
beweglich: *Corpo de Deus*, Fronleichnam
14./15. August: *Assunção*, Mariä Himmelfahrt
5. Oktober: *Día da República*, Tag der Republik.
1. November: *Todos os Santos*, Allerheiligen
1. Dezember: *Restauração*, Tag der Restauration (Ende der spanischen Herrschaft über Portugal, 1640)
8. Dezember: *Imaculada Conceição*, Unbefleckte Empfängnis
25. Dezember: *Natal*, Weihnachten

Essen & Trinken

Espadas: **Die schmecken!**

Mediterrane Sitten herrschen auf Madeira in Bezug auf die Essenszeiten und -gewohnheiten: Gefrühstückt wird üblicherweise nur Kaffee und gebutterter Toast *(torrada)*, vielleicht auch ein Käsetoast *(tosta de queijo)*. Mittagessen *(almoço)* wird gegen 12 Uhr, Abendessen *(jantar)* in Funchal und den Touristenzentren um 19 Uhr serviert, doch die Madeirenser speisen meist erst gegen 21 Uhr.

Speisen

Die in diesem Reiseführer verwendeten Restaurantkategorien beziehen sich jeweils auf ein Hauptgericht ohne Getränke:

Günstig: bis 15 €
Moderat: 15–25 €
Teuer: ab 25 €

In vielen Restaurants bekommt man zum Auftakt (auch ohne Bestellung) den traditionellen *bolo de caco* serviert, ein warmes Süßkartoffelbrot mit Knoblauchbutter. Dann wendet man sich den Vorspeisen zu: in Knoblauchbutter gedünstete oder gegrillte Napfschnecken *(lapas)* oder eine feine Tomatensuppe mit klein gehackten Zwiebeln, pochiertem Ei und Kräutern. Überhaupt sind Suppen stark vertreten: die allgegenwärtige *caldo verde*, eine Kohlsuppe mit *chouriço*-Stückchen, oder *canja de galinha*, eine klare Hühnerbrühe, traditionell mit Zimt und Madeirawein abgeschmeckt.

Fischsuppe gibt es in zwei Varianten: als *caldeira* (aus einer Fischsorte, meist schwarzer Degen- oder Thunfisch); oder als *caldeirada* mit mehreren Fischsorten.

Fleisch und Fisch werden gebraten *(frito)*, gegrillt *(grelhado)*, gekocht *(cozido)* oder geschmort *(asado)*, die Beilagen bestehen oft aus Kartoffeln, Möhren und Tomaten. Auf jeden Fall sollte man den schwarzen Degenfisch, *espada*, kosten, der auf dem Markt so Furcht einflößend aussieht: Die schwarze Farbe entsteht durch den Druckverlust, wenn die Fische an die Wasseroberfläche gezogen werden. *Espada* serviert man meist gegrillt oder im Teigmantel und mit Bananen *(com banana)*. Nicht zu verwechseln ist er mit dem *espadarte*, dem Schwertfisch. Ob ein dickes Thunfischsteak *(atum)* mit Zwiebelsauce,

Essen & Trinken

goldgelb gegrillte Brassen *(pargo)* oder zarter Lachs *(salmão)* oder Stockfischauflauf mit Kartoffeln, gekochten Eiern und Petersilie *(bacalhau à Brás)* – die Auswahl fällt schwer. Meeresfrüchte wie Tintenfisch *(lulas),* Gambas und Langusten müssen übrigens aus Portugal importiert werden!

Ein Glück, dass man in vielen Restaurants auch eine halbe Portion *(meia dose)* bestellen kann, ebenso wie eine kleine Flasche Wein *(meia garrafa)* – so kann man sich gemütlich durch die Madeirenser Speisekarten essen, denn auch an Fleischgerichten ist die Inselküche nicht gerade arm: Dazu gehört z. B. der Rindfleischspieß *(espetada):* Rindfleischstückchen werden auf einem Lorbeerspieß (eher Metallspieß) über einem Holzkohlenfeuer gegrillt; die klassische Beilage ist frittierte Maispolenta *(milho frito).* Sehr würzig ist in Wein, Lorbeerblätter und Knoblauch eingelegtes Schweinefleisch, *carne de vinho e alhos.* Und wenn Sie Glück haben, bietet der Wirt Hühnerbrust, in Madeirawein geschmort, mit Kastanienpüree an.

Zum 1. November wird ein Eintopf aus Schweinefleisch, Süßkartoffeln und Kohl *(cozido à Madeirense)* zubereitet. Eintöpfe sind das ganze Jahr über beliebt: Die *caldeirada* besteht aus mehreren Fleischsorten, Bohnen und Tomaten.

Zum traditionellen ›süßen Delirium‹ der Insel gehören neben quietschsüßen Cholesterinbomben mit kuriosen Namen wie ›Nonnenbäuchlein‹, ›Nonnenküsse‹ und ›Venuseier‹ auch schlichte süße Eierpuddings *(flan),* Milchreis *(arroz doçe),* Mousse au chocolat und Obstsalat. Ein beliebtes Mitbringsel ist *bolo de mel,* ein Honigkuchen, der früher mit Honig und nur zu Weihnachten gebacken wurde und heute das ganze Jahr über mit Zuckersirup hergestellt wird.

Kleine Kaffeekunde

bica/café: schwarzer Espresso
café grande: große Tasse Espresso
carioca: Espresso mit Wasser verdünnt
chinesa: große Tasse Milchkaffee
café branco: Milchkaffee (mehr Kaffee als Milch)
galão: Glas Milchkaffee (mehr Milch als Kaffee)
garoto: wörtl. ›Erhängter‹, kleiner Kaffee mit etwas Milch
cortado: Kaffee mit einem Schuss süßem Madeirawein und Zitronenschale
quentinha: ›Aufwärmer‹, Kaffee, Zuckerrohrschnaps, Honig und Zitronenschale

Getränke

Ein üppiges Menü muss natürlich begossen werden – z. B. mit dem leichten, spritzigen *vinho verde,* der ungeachtet seines Namens weiß, rot oder rosé sein kann. Oder mit anderen portugiesischen Weinen, wie Dão oder Bairrada. Tafelwein aus Madeira findet man in Funchal recht selten, der Madeirawein eignet sich hingegen eher als Aperitif oder zum Dessert. Beliebt sind auch die *Poncha* (s. S. 87) sowie die vielen Liköre der Insel: Den Maracujá hält man für aphrodisisch, während Kirschlikör *(ginja)* und Esskastanienlikör *(licor de castanha)* einfach nur lecker sind.

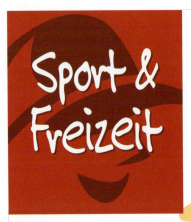

Sport & Freizeit

Meer in die steilen Felsen gebaut hat. Bei bewegter See oder Wind ist allergrößte Vorsicht angeraten. In Funchal gibt es ein öffentliches Freibad mit großem Schwimmbecken und Meereszugang (s. S. 49). In Porto Moniz lockt das Meeresschwimmbad viele Einheimische und Touristen an (s. S. 67). Einen feinen weißen Sandstrand (8 km) hat dagegen Porto Santo (s. S. 68; im August überlaufen).

Wandern

Madeira ist ein Wanderparadies. Fast das ganze Jahr über herrscht gutes Wanderwetter; es gibt Wandermöglichkeiten für beinah jeden Schwierigkeitsgrad: vom kleinen Spaziergang bis zur Wandertour für Routinierte und Schwindelfreie. Geführte Levada-Wanderungen werden z. B. von Meltours, Eurofun und vom Fremdenverkehrsamt in Funchal (s. S. 22) angeboten. Auch Levada-Führer in Buchform finden sich überall. Wer auf eigene Faust wandert, sollte sich zuvor unbedingt über die Wetterverhältnisse und die besonderen Eigenarten der Levada informieren! Zur Ausrüstung gehören Wanderschuhe, Teleskopstock, regenfester Anorak, Pullover und Wasservorrat. Einen guten Einblick in die Wanderwelt Madeira gibt www.lidotours.com/PagesDE/index.html.

Baden

Außer in den meist großzügigen Hotelschwimmbecken kann man auf Madeira überall dort baden, wo ein Hotel oder die kommunale Verwaltung einen Zugang zum

Tauchen

Auch als Tauchrevier hat Madeira viel zu bieten: An der Südküste hat das Meer die Felsen ausgewaschen, im klarem Wasser der zahlreichen Höhlen kann man die bunte Unterwasserwelt bestaunen. Nur 4 km von der Küste können Sie Thunfische, Barrakudas und Hammerhaie und Papageienfische beobachten. Tauchstützpunkte in Funchal, Caniço de Baixo und auf Porto Santo bieten Expeditionen und Tauchkurse an und verleihen Ausrüstung. Infos (dt.) unter www.mantadiving.com, www.madeiracaferustico.com/Tauchbasis.htm, www.scuba-madeira.com.

Hochseeangeln

Die tiefen Küstengewässer von Madeira bieten Hochseeanglern viel Abwechslung: Marlin, Schwert- und Thunfisch sowie verschiedene Haiarten kann man auf Tagestouren angeln, die im Jachthafen von Funchal, in Reisebüros und auf Porto Santo angeboten werden. Infos z. B. bei der Marina do Funchal, Tel. 291 23 27 17, und unter www.madeira-holiday.com/pages/sportfishing.html und www.madeira-fishing.com (beide engl.).

Sport & Freizeit

Segeln/Windsurfen

Im Jachthafen von Funchal werden Segeltörns auf restaurierten Schiffen angeboten, Jollen können erfahrene Segler bei Aquasports am Lido-Schwimmbad mieten (s. S. 49). Auch mit dem eigenen Segelboot kann man Madeira anlaufen (Jachthäfen in Funchal und auf Porto Santo). Englische Infos z. B. unter www.madeira-holiday.com/pages/sailing.html.

Golf

Madeira bietet zwei Golfplätze in schöner Lage: **Palheiro Golf** am Stadtrand von Funchal (18-Loch, 6015 m, s. S. 50), eingebettet in einen Wald, sowie der Golfplatz in **Santo da Serra** (27-Loch, s. S. 78) im Osten der Insel. Hier finden alljährlich die ›Madeira Open‹ statt (www.madeira-golf.com).

Tennis/Squash

Viele Hotels verfügen über Tennisplätze. Falls Ihres keinen hat, können Sie in Funchal auf dem Gelände der eleganten Quinta Magnólia nach Belieben Tennis oder Squash spielen (s. S. 47), außerdem locken ein großes Schwimmbecken und eine Jogging-Bahn. Vorbestellungen beim Portier 8–21 Uhr.

Reiten

Eine zentrale Adresse für Reitfreunde ist das **Centro Hípico da Madeira** in Funchal, Caminho dos Pretos, Tel. 291 22 49 82. Außerdem kann man im Rancho Madeirense bei Santana Reitausflüge buchen oder ein wenig im Kreis reiten.

Levadas

Eine Madeirenser Besonderheit ist das verzweigte Levada-Netz (ca. 2150 km), jene schmalen, teils sehr alten Bewässerungskanäle, die mühevoll per Hand angelegt wurden. Mit den Levadas leitete man das Wasser von den niederschlagsreichen in regenarme Inselregionen, von Quellen und groß angelegten Reservoirs auf einsame Höfe und in Küstenorte; mal durch Felstunnel, mal durch dschungelartige Waldgebiete, vorbei an Terrassenfeldern, blühenden Obstplantagen und steilen Abgründen. Da die Levadas regelmäßig gesäubert und instand gehalten werden müssen, verläuft neben dem offenen Kanal meist ein schmaler Fußweg.

Ferien mit Kindern

Die Madeirenser sind sehr kinderfreundlich. Falls es im Restaurant keinen Kinderteller gibt, bestellt man einfach eine halbe Portion (*meia dose*). Außer auf Porto Santo gibt es keinen flach abfallenden Sandstrand, sodass kleine Kinder besser am Hotelpool plantschen. Wanderungen sind für größere Kinder ein Erlebnis, für die kleineren eher zu anstrengend. Ein großer Spaß für alle sind die Korbschlittenfahrten in Monte (s. S. 59).

Sprachführer

Aussprachehilfen

Die zahlreichen Nasal- und Zischlaute des Portugiesischen machen es dem Reisenden nicht leicht, sich zu verständigen. Hier die wichtigsten Ausspracheregeln: Die **Betonung** liegt auf der letzten Silbe eines Wortes, außer das Wort endet auf a, e, m, o und s – dann wird die vorletzte Silbe betont. Durch einen Akzent oder eine Tilde (~) gekennzeichnete Silben werden immer betont. Die Endungen -am, -em, -om, -um werden nasal ausgesprochen. E (unbetont) wie **i**; o (unbetont) wie **u**; ch wie deutsches **sch**; g vor a, o und u wie im Deutschen; vor e und i wie in Massa**ge**; gu wie in **G**ans; h bleibt stumm; j wie in Massa**ge**; lh, hn wie **lj** bzw. **nj**; qu vor a und u wie **ku**, sonst wie **k**; x wie **s**, **sch** oder **ks**; z am Silbenanfang wie **s** in **S**aphir, am Ende wie **sch**.

Wochentage

Sonntag	domingo
Montag	segunda-feira
Dienstag	terça-feira
Mittwoch	quarta-feira
Donnerstag	quinta-feira
Freitag	sexta-feira
Samstag	sábado

Zahlen

1	um, uma	70	setenta
2	dois, duas	80	oitenta
3	três	90	noventa
4	quatro	100	cem
5	cinco	200	duzentos (-as)
6	seis		
7	sete	300	trezentos
8	oito	400	quatrocentos
9	nove		
10	dez	500	quinhentos
11	onze		
12	doze	600	seiscentos
13	treze	700	setecentos
14	catorze		
15	quinze	800	oitocentos
16	dezasseis		
17	dezassete	900	novecentos
18	dezoito		
19	dezanove	1000	mil
20	vinte	2000	dois mil
21	vinte e um (-a)		
		1 Mio.	um milhão
30	trinta		
40	quarenta	2 Mio.	dois milhões
50	cinquenta		
60	sessenta	1 Mrd.	um bilhão

Formeln

guten Morgen	bom dia
guten Tag (ab mittags)	boa tarde
gute Nacht	boa noite
auf Wiedersehen	adeus
bis bald	até logo
ja	sim
nein	não
bitte	por favor/ se faz favor
danke	muito obrigado (-a)
Entschuldigung!	Com licença!
Es tut mir leid.	Desculpe.
Das macht nichts.	Não faz nada.

Orientierung

Gibt es hier eine Touristeninformation/	Há por aquí uma informação turística/

Sprachführer

Die wichtigsten Sätze

Bitte helfen Sie mir.	Ajude-me por favor.
Bitte rufen Sie diese Nummer an.	Por favor chame este número.
Wie ist die Adresse?	Qual é o endereço?
Wie ist die Telefonnummer?	Qual é o número de telefone?
Wieviel kostet das?	Quanto custa?
Wo ist die Toilette?	Onde ficam os lavabos?
Ich fühle mich schlecht	Sinto-me mal disposto (-a).
Haben Sie ein freies Zimmer mit Bad/Dusche für eine Nacht?	Tem um quarto com banho/chuveiro para uma noite?
Ich habe Hunger, Durst.	Tenho fome, sede.
Warum?	Porqué?
Wo ist …?	Onde fica …?

Notfall

Rufen Sie bitte eine Ambulanz, einen Arzt, die Polizei.	Chame, se faz favor, uma ambulância, um médico, a policia.
Wir hatten einen Unfall.	Tivemos um acidente.
Wo ist das nächste Polizeirevier?	Onde fica o posto de policia mais próximo?
Das Auto wurde aufgebrochen.	Assaltaram-me o carro.

ein Hotel/Restaurant?	um hotel/restaurante?
Haben Sie einen Stadtplan, ein Hotelverzeichnis?	Tem um mapa de cidade, uma lista dos hotéis?
Wann ist das Museum/die Kirche geöffnet (geschlossen)?	A qué horas o museu/a igreja está aberta (fechada)?
rechts	à direita
links	à esquerda
geradeaus	direito
langsam	de vagar
schnell	de pressa

Im Restaurant

Die Speisekarte/Rechnung bitte.	A lista/a conta faz favor.
das Menü	a ementa
das Frühstück	o pequeno almoço
das Mittagessen	o almoço
das Abendessen	o jantar
Snacks	petiscos

Unterkunft

Ich suche ein billiges Hotel.	Estou procurando um hotel barato.
Ich habe ein Zimmer reserviert.	Reservei um quarto.
Ich suche ein Zimmer mit Dusche/Blick aufs Meer.	Estou procurando um quarto com chuveiro/com vista para o mar.
Wieviel kostet es pro Nacht?	Quanto é a diária?

Nützliche Adjektive

kalt	frío
heiß	quente
neu	novo
alt	velho

Reise-Service

Auskunft

Fremdenverkehrsämter

... in Deutschland
Portugiesisches Touristik- und Handelsbüro, Schäfergasse 17, 60313 Frankfurt/M.,
Tel. 069/23 40 94, 29 05 49, Fax 069/23 14 33,
dir@icepfra.de, www.icep.de.

... in Österreich
Opernring 1, zweiter Stock, 1010 Wien, Tel. 01/585 44 50, Fax 01/585 44 45,
icepvie@icepvie.co.at.

... in der Schweiz
Badenerstr. 15, 8004 Zürich, Tel. 01/241 00, 241 00 05, Fax 01/241 00 12,
icep@dial.eunet.ch.

... im Internet
www.dumontreise.de
www.madeira-web.com
www.madeira-news.de
www.madeira-aktuell.de
www.olimar.de
www.madeira-holiday.com
www.madeira-island.com
www.madeiraonweb.com
www.madeiraonline.com

Touristeninformation in Funchal
Tourismusbüro (Posto de Turismo): Avenida Arriaga 16, 9000 Funchal, Tel. 291 22 56 58, Fax 291 23 21 51, Mo–Fr 9–20 Uhr, So und feiertags 9–13 Uhr.
Tourismusbehörde (Direcção Regional do Turismo e Cultura), Avenida Arriaga 18, 9000 Funchal, Tel. 291 21 19 00, Fax 291 23 21 51, info@madeiratourism.org, www.madeira-tourism.org.

Weitere Tourismusbüros gibt es in Câmara de Lobos, Caniço, Machico, Porto Moniz, Porto Santo (Vila Baleira), Ribeira Brava, im Flughafen Santa Catarina (bei Santa Cruz) und in Santana.

Reisezeit

... ist eigentlich immer, denn das milde Klima auf Madeira verwöhnt das ganze Jahr über mit frühlingshaften Temperaturen und Sonne (5–8 Sonnenstunden am Tag in Funchal). In den Wintermonaten muss man ab und an mit etwas mehr Regen und stürmischen Böen rechnen, die Berge und die Hochebene Paúl da Serra verschwinden dann im Nebel. Die sonnenverwöhnte Südküste bekommt im Durchschnitt weniger Regen ab als der Norden.

Über Weihnachten und an Silvester ist Madeira ein beliebtes Reiseziel für Touristen aus aller Welt, die vor dem Winter flüchten und das Feuerwerk in der Bucht von Funchal erleben möchten.

Einreise

Für einen Aufenthalt bis zu drei Monaten benötigen EU-Bürger den gültigen Personalausweis oder Reisepass, Schweizer die nationale Identitätskarte bzw. Reisepass. Für Kinder ist ein Eintrag im Reisepass der Eltern erforderlich, ab zehn Jahren ein Kinderausweis mit Lichtbild.

Für Reisende aus EU-Ländern gelten bei der Einfuhr nach Madeira keine Beschränkungen für Artikel für den Privatverbrauch. Schweizer dürfen zollfrei aus Madeira ausführen: 1 l Spirituosen mit

Reise-Service

mehr oder 2 l mit weniger als 22 % Alkohol, 200 Zigaretten, 250 g Tabak oder 50 Zigarren. Souvenirs bis 200 sFr sind abgabefrei.

Anreise

Mit dem Flugzeug

Funchal bzw. der Santa Catarina-Flughafen ist der Zielflughafen auf Madeira. Dorthin fliegen aus Deutschland (Flugdauer ca. 3 Std. 30 Min.) LTU, Condor, Hapag Lloyd direkt und u. a. die portugiesische TAP über Lissabon. Von **Österreich** aus fliegen u. a. TAP und Lauda-Air von Wien nach Funchal. Aus der **Schweiz** kommt man z. B. mit Swissair und TAP von Genf und Zürich nach Funchal.

Der Internationale Flughafen Santa Catarina liegt etwa 20 km außerhalb von Funchal. Falls der Transfer nicht ohnehin in Ihrem Pauschalarrangement enthalten ist, können Sie folgende Verbindungen nutzen: Der **Flughafenbus** (die Haltestelle ist mit einem beige-grünen Schild markiert) fährt um 8.15, 11.15, 14 (nur Fr), 16.30, 18, 20.15 und 23 Uhr nach Funchal, Fahrtdauer etwa 1 Std. Zum Flughafen kommt man mit dem Bus von der Haltestelle zwischen Avenida do Mar und Rua D. Carlos I (blau-gelbes Schild) um 7.15, 9.15, 12.45 (nur Fr), 14.45, 19.15 und 21.15 Uhr.

Mit dem **Taxi** sind Sie in 20–30 Min. in Funchal, die Fahrt kostet ca. 20 €.

Die wichtigsten **Mietwagenfirmen** unterhalten Büros im Flughafen: Avis: Tel. 291 52 43 92; Europcar: Tel. 291 52 46 33; Hertz: Tel. 291 52 43 60.

Mit dem Schiff

... erreicht man Madeira leider nur als Kreuzfahrtpassagier oder auf der eigenen Segeljacht.

Unterwegs auf Madeira

Mit dem Bus

Innerhalb von Funchal und auf der ganzen Insel gibt es ein umfangreiches Bussystem, das eher auf die Bedürfnisse der Madeirenser eingerichtet ist als auf die der Touristen. Trotzdem kann man sich auf Madeira ganz gut per Bus *(autocarro)* fortbewegen, vorausgesetzt, man hat es nicht so eilig.

Falls Sie in Funchal häufiger die orangefarbenen Stadtbusse benutzen, sollten Sie einen preiswerten *passe turístico* kaufen (in den Fahrkartenhäuschen), der sieben Tage gilt. Ansonsten bezahlt man beim Fahrer. Einen Fahrplan und eine Übersicht über das Streckennetz gibt es beim Fremdenverkehrsamt in der Avenida Arriaga und in der englischsprachigen Beilage der Zeitung ›Diário de Notícias de Funchal‹. Allerdings sind an den Bushaltestellen *(paragem)* weder die Abfahrtszeiten noch die Nummern der Busse angegeben.

Die Buslinie 139 führt von Funchal durch den Westen Madeiras, macht einen vierstündigen Halt in Porto Moniz und kehrt abends wieder nach Funchal zurück.

Fünf verschiedene Busgesellschaften unterhalten das Überlandnetz: **SAM** (grüne oder cremefarbene Busse) hat die Linien 20 (nach Machico und Santos da Serra), 23, 53 und 78 (nach Machi-

Reise-Service

co und Faial), 60 (nach Bouqueirão), 113 (über Santa Cruz und Machico nach Caniçal) und 156 (über Machico nach Maroços). Start der Busse am Busbahnhof in der Avenida Calouste Gulbenkian.
Rodoeste: Die Busse sind rot, grau und weiß. Sie haben die Nummern 1, 4 (nach Ribeira Brava und Ponta do Sol), 6 und 139 (nach Encumeada und Boaventura), 7, 96 (über Estreito de Câmara de Lobos nach Cortiçeiras), 107 (nach Ponta do Pargo), 148 und 154. Start: Campo-da-Barca-Parkhaus in der Rua Dr. Manuel Pestana Junior.

Drei weitere Gesellschaften teilen sich die Linien 2, 29 und 77 (nach Camacha und Santo da Serra), 103 (nach Poiso, Santana und Boaventura), 136 und 155. Die Fahrpreise werden von den Gesellschaften festgesetzt, bezahlt wird beim Fahrer. Fahrpläne gibt es bei den Tourismusämtern. Internet: www.madeira-island.com/bus_services/index.html.

Mit dem Taxi

Taxifahren ist auf Madeira preiswerter als bei uns; Taxistände findet man mühelos in der Innenstadt von Funchal und vor den Hotels. Wenn Sie einen Wagen auf der Straße anhalten, achten Sie auf das Schild livre (frei). Die Taxis in Funchal haben einen Taxameter bzw. eine ›Uhr‹, für Überlandstrecken gibt es eine Liste mit Pauschalpreisen, die man im Taxi oder auch an der Hotelrezeption einsehen kann (außerdem beim Fremdenverkehrsamt Funchal, s. S. 22).

Mit dem Leihwagen

Wer sich nicht vor unbefestigten schmalen Straßen, Haarnadelkurven, extremen Steigungen und Gefälle fürchtet, kann die Insel problemlos mit dem Mietwagen erkunden. Rechnen Sie jedoch immer damit, dass Ihnen in einer Kurve ein Auto entgegenkommt.
Höchstgeschwindigkeit: 60 km/h in geschlossenen Ortschaften, 90 km/h auf Landstraßen.

Um ein Auto zu mieten, benötigen Sie den heimischen Führerschein. Der Fahrer muss mindestens 21 Jahre alt sein und ein Jahr Fahrpraxis haben. Normalerweise wird, wie international üblich, eine Kaution fällig, die man entweder per Kreditkarte oder in bar hinterlegt. Rechnen Sie mit ca. 24 € pro Tag plus Steuer oder nutzen Sie besondere Angebote und Wochenendtarife. Preiswerter ist es, Hotel und Mietwagen im Paket beim Reiseveranstalter in Deutschland zu buchen. Einige Firmen bieten eine ›SUPER-CDW‹-Versicherung an, die jegliche Selbstbeteiligung ausschließt. Um Weihnachten oder Silvester empfiehlt es sich unbedingt, von Deutschland aus zu reservieren.

Internationale Autovermietungen wie Avis, Europcar und Hertz sind auf Madeira (Hauptbüros in Funchal) vertreten, außerdem gibt es lokale Anbieter wie Atlas, Brava Car, Insular und O Moinho. Die deutsche Firma Magos (Caniçal) vermietet für ca. 50 € pro Tag Motorräder, bei Bedarf auch Helme in den Größen 53–62. Nahezu alle Online-Reiseführer beinhalten auch eine Rubrik »Mietwagen«. Außerdem: www.magoscar.com.

Unterkunft

Das Unterkunftsangebot auf Madeira bietet für jeden Geschmack

Reise-Service

und Geldbeutel etwas. Man kann in restaurierten Herrenhäusern *(Quintas)*, historischen Gemäuern *(Pousadas)* nächtigen, in Luxushotels, Apartments, Mittelklassehotels, Bungalows, Landhäusern oder Pensionszimmern.

Hotels und Apartmentanlagen werden, wie auf dem portugiesischen Festland, mit ein bis fünf Sternen kategorisiert und von der Allgemeinen Tourismusbehörde kontrolliert. ***Estalagems*** sind Herbergen (ebenfalls mit Sternesystem), die ein paar Annehmlichkeiten weniger als ein Hotel bieten, dafür aber regionaltypischer und häufig sehr gemütlich sind – auch ohne Fernsehgerät auf dem Zimmer. ***Albergarias*** (Gasthäuser) variieren vom Komfortangebot zwischen Hotel und Pension. Die ***Pensões*** (Pensionen) liegen oft im Stadtzentrum und bieten saubere, einfache Zimmer, nicht immer mit eigenem Bad. In den Pensionen bekommt man auch Frühstück, jedoch nicht in den ***Residências.*** Auf Privatzimmer verweist das Schild *quartos* (Zimmer) oder *camas* (Betten); hier kann man mit freundlicher Atmosphäre und sehr günstigen Preisen rechnen, jedoch nicht unbedingt mit Komfort.

Einige Landgüter und Herrenhäuser in Privatbesitz stehen Feriengästen offen: Sie gehören zum **Turismo de Habitação** (TH) und bieten romantische Atmosphäre in herrlicher Landschaft.

Bleiben noch die beliebten **Apartmentanlagen** *(Apartamentos Turísticos).* Auch hier reicht das Angebot von der Luxuskategorie mit Swimmingpool, Sporteinrichtungen und guten Restaurants etc. bis zu schlichter ausgestatteten Anlagen. Der einzige **Campingplatz** *(Parque de Campismo)* auf Madeira selbst liegt in Porto Moniz und wird gerade renoviert. In Vila Baleira auf Porto Santo steht ein weiterer Campingplatz zur Verfügung. Zelten ist erlaubt in den Forstparks, Wasser- und Feuerstellen sind eingerichtet (Genehmigung beim Forstwächter). Infos bei: Madeira Camping Service, Estrada Monumental, Hotel Baía Azul, Shop 5, Funchal, Tel. 291 77 67 26, Fax 291 76 20 03, info@madeira-camping.com, www.madeira-camping.com.

Behinderte

Madeira ist für körperbehinderte Menschen ein ziemlich schwieriges Terrain. Nur wenige Luxushotels wie Madeira Palácio, Ondamar (Caniço), Baia Azul oder Savoy (beide Funchal) und Lumar Hotel (Porto Santo) sind auf die Bedürfnisse von Rollstuhlfahrern eingerichtet. Immerhin stehen am Flughafen Rollstühle für Gehbehinderte zur Verfügung.

Öffnungszeiten

Sofern nicht gesondert angegeben, gelten für **Restaurants** folgende **Öffnungszeiten:** 12–23 Uhr (Mittagessen 12–14, Abendessen 19–21 Uhr). Bars öffen meist von 9/10–23/24 Uhr und servieren durchgehend. In kleineren Orten darf man nach 22 Uhr nicht unbedingt warme Küche erwarten.

Kirchen sind tagsüber unregelmäßig geöffnet. Der **Eintritt** für Museen und andere Sehenswürdigkeiten ist entweder umsonst oder liegt bei 1–2,50 €. Abweichende Preise sind gesondert aufgeführt.

Orte v

Ob Sie die Welt der Blumen in zauberhaften Gärten erleben und durch verwunschenen Lorbeerwald streifen oder Ausblicke vom Cabo Girão wagen; ob Sie Korbflechtereien in Camacha kaufen, auf den Spuren des Kolumbus wandeln oder Stickereien in Funchal erstehen; ob Sie in Meeresschwimmbädern plantschen, Weine und Poncha in Câmara de Lobos

on A-Z

testen oder Forellen in Ribeiro Frio kosten: Dieser Führer zu Madeira gibt Ihnen in kompakter, überschaubarer Form nützliche Tipps und ausgesuchte Adressen an die Hand, damit Ihre Reise zum Erlebnis wird! Und dem, der mehr – und anderes – auf der ›Blumeninsel im Atlantik‹ sehen möchte, dem seien die Extra-Touren empfohlen.

Calheta

Orte von A bis Z

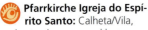

Alle interessanten Orte und ausgewählte touristische Highlights auf einen Blick – alphabetisch geordnet und anhand der Lage- bzw. Koordinatenangabe problemlos in der großen Extra-Karte zu finden.

Calheta

Lage: B 5
62 km westlich von Funchal
Extra-Tour 3: s. S. 88
Einwohner: 5500

Das hübsche Dorf an der sonnigen Südwestküste liegt in einer engen Schlucht am Meer und war früher ein bedeutendes Zentrum für den Zuckerrohranbau – Inselentdecker Zarco forcierte die Zuckerproduktion und verlieh dem Ort daher schon 1502 die Stadtrechte. Die verfallenen Schlote der Zuckermühlen erzählen von dem Reichtum, den Calheta einst mit dem weißen Gold erworben hat. Heute wachsen in und um Calheta vor allem Wein, riesige Bananenstauden sowie Obst und Gemüse.

Pfarrkirche Igreja do Espírito Santo: Calheta/Vila, am besten kurz vor und kurz nach der Messe zu besichtigen. Besonders wertvoll sind die Holzdecke im Chor (hispano-maurischer Stil) und der dreistöckige Tabernakel aus Ebenholz mit prächtigen Silberintarsien.
Capela dos Reis Magos (Drei-Königs-Kapelle): im 400 m höher gelegenen Estreito da Calheta; falls geschlossen, bekommt man den Schlüssel im Nachbarhaus. Ein Juwel aus dem 16. Jh. Das dreiteilige, geschnitzte Altarbild aus goldverziertem Edelholz stellt die Heiligen Drei Könige dar (Flämische Schule); Decke im Mudéjar-Stil. In der Kapelle liegt die reiche Zuckeraristokratenfamilie Gouveia begraben.
Central Hidroeléctrica: Wasserkraftwerk nördlich von Calheta.

Wandern: Calheta ist ein guter Ausgangspunkt für Levada-Wanderungen. Die EN 211 kreuzt die *Levada Calheta–Ponta do Pargo,* am Wasserkraftwerk beginnt die *Levada Calheta.*
Paragliding: Madeira Airbase Fliegercamp/AEROGENE, Lda. Madeira Airbase Airadventours, Sitio da Achada de Santo Antão, Arco da Calheta, Fax 291 82 76 28, Handy: 29 19 64 13 39 07, www.airbase.de.

Arco da Calheta: Wahrscheinlich die älteste Siedlung auf Madeira, früher ebenfalls mit vielen Zuckerrohrplantagen. Sehr schöner Blick auf die Küste. Im Ortsteil Loreto findet man die

Orte von A bis Z **Calheta**

- 👁 **Sightseeing**
- 🏛 **Museen**
- 🏊 **Baden/Strände**
- 🧢 **Sport/Freizeit**
- 🌀 **Ausflüge**
- ℹ️ **Information**
- 🏨 **Hotels**
- 🍴 **Restaurants**
- 🛍 **Shopping**
- 🥂 **Nightlife**
- 🎭 **Feste**
- 🚦 **Verkehr**

kleine Kapelle Nossa Senhora do Loreto (1510) mit maurisch–manuelinischer Decke und Wasserspeiern an der Tür.
Pico do Arco (846 m): 4 km von Loreto mit herrlichem Blick auf Madalena do Mar (s. S. 57).
Jardim do Mar: Der ›Garten des Meeres‹ ist durch das Geld der Auswanderer recht wohlhabend. Sie haben auch die Nossa Senhora do Rosário mitfinanziert, eine Imitation von Nôtre-Dame in Paris.
Paúl do Mar: Ein lang gestrecktes Fischerdorf. Viele Einwohner sind nach Übersee emigriert, die Zuckermühlen verfallen. Sehr einfache Unterkünfte stehen neben hübschen Häuschen. Die riesige alte Araukarie am Ortseingang neben dem Friedhof ist sehenswert.

🏨 **Hotel Calheta Beach:** Praia da Calheta, Tel. 291 82 30 00, Fax 291 82 73 01, www.galoresort.com, moderat. Neue Luxusanlage mit 106 Zimmern und Suiten, 4 Restaurants, Süßwasserpool, Kinderbecken. Wellness- und Sportangebot.
… in der Umgebung
Quinta das Vinhas: Sítio do Lombo dos Serrões, Estreito da Calheta, Tel. 291 82 00 40, Fax 291 82 21 87, quintadasvinhas@madeira-island.com, teuer. Sechs Zimmer in einem idyllisch gelegenen Herrenhaus aus dem 17. Jh., das aufwendig renoviert wurde.
Landgasthaus Estalagem Casa de Chá: Sítio da Estacada, Prazeres/Calheta,
Tel. 291 82 30 70, 291 82 30 71, Fax 291 82 30 72, moderat.
Guter Ausgangspunkt für Levada-Wanderungen.
Hotel Jardim Atlántico:
Prazeres, Tel. 291 82 22 00, Fax 291 82 25 22, www.jardim atlantico.com, moderat/teuer.
97 moderne Apartments mit Meerblick, 1,5 km von Prazeres. Restaurant mit vegetarischer und Vollwertkost, Fitnesscenter, Wellness.

🍴 **Praça Velha:** Uferpromenade, Tel. 291 82 27 66, günstig.
Regionale Spezialitäten.

🎭 **Calheta:** 24. Juni – Dorffest; 7./8. September – Erntedankfest mit Feuerwerk, Blumenschmuck und Fleischspießen.
Loreto: 8. September – Fest der Jungfrau von Loreto.

Camacha

Orte von A bis Z

Arco da Calheta: 3. Februar – Fest des Dorfpatrons São Brás; April/Mai – Zuckerrohr-Fest.

Taxi: Calheta, Tel. 291 82 21 29; Arco da Calheta, Tel. 291 82 25 88, 291 82 24 23.
Buslinien: 80, 107, 115, 142; nach Funchal ca. 5 x tgl.

Camacha

Lage: H/J 6
15 km nordöstlich von Funchal
Extra-Tour 1: s. S. 85
Einwohner: 6500

Das berühmte Korbflechterdorf liegt in 700 m Höhe, weshalb hier schon mal ein rauer Wind pfeifen kann. Um den Ort herum stehen einige englische Villen aus der Zeit, als Camacha noch eine beliebte Sommerfrische für reiche britische Händler aus Funchal war. Herz des Orts ist der kleine Platz Largo da Achada mit einer skurrilen Gedenktafel: Sie erinnert an das allererste Fußballspiel auf Madeira, das hier 1875 stattfand. Schlendert man um den Platz, stellt man schnell fest, dass Camacha Zentrum der Korbflechterei ist. Die Korbflechter, darunter auch viele Kinder, hocken in kalten Räumen und arbeiten im Akkord. Die Ergebnisse ihrer Handarbeit werden im Café Relógio am Largo da Achada verkauft. Die mehrstöckige Villa bewohnte früher ein reicher englischer Händler, der dazugehörige Uhrturm ist eine Anspielung auf Big Ben. Von der Terrasse aus blickt man über die Küste fast bis Machico.

Golf: Golfplatz der Quinta do Palheiro Ferreiro (s. S. 50); Golfplatz Santo da Serra (s. S. 78).
Wandern: In der Nähe von Camacha verlaufen die *Levada do Caniço* (mittelschwer, 6 km bis Assomada) und die *Levada dos Tornos* (leicht, allerdings ist Schwindelfreiheit erforderlich, 6 km bis Lombo Grande).

Nach **Santo da Serra** (s. S. 78) führt die kurvige Landstraße mit schönen Ausblicken über die Bergrücken.

Estalagem Relógio: Largo da Achada, Tel. 291 92 27 77, Fax 291 92 24 15, günstig.
24 recht komfortable Zimmer, einige Zimmer haben einen schönen Ausblick.

Café Relógio: Largo da Achada, Tel. 291 92 21 44, 291 92 27 77, Fax 291 92 24 15, tgl. 12.30–16, 19–23, Bar 9–21 Uhr, günstig.
Im ersten Stock Restaurant mit Folkloredarbietungen. Nicht gerade ein Gourmet-Tempel, dafür Panoramablick ins Tal.

Die wichtigste Adresse in Camacha: das **Café Relógio**. Alle nur denkbaren Gegenstände aus Korb auf zwei Etagen.

Pfingsten: Besonders schöne Prozession; **August:** den ganzen Monat über Kulturveranstaltungen, am letzten Sonntag *Festa do Senhor* (Fest des Herrn); **Oktober/November:** Apfelfest.

Taxi: auf dem Largo da Achada oder Tel. 291 92 21 85.
Bus: Linien 29, 77; von und nach Funchal, etwa stündlich.

Orte von A bis Z **Câmara de Lobos**

Korbflechtkunst pur: In Camacha bekommt man sie!

Câmara de Lobos

Lage: F 6/7
15 km westlich von Funchal
Extra-Tour 2: s. S. 87
Einwohner: 15 000

Das berühmte und älteste Fischerdorf von Madeira liegt nur 15 km westlich von Funchal, und doch findet man eine ganz andere Welt vor. Kleine Häuser ducken sich um die Kirche an der schmalen Bucht; ein Felsvorsprung, der Ilhéu, überragt den Ortskern, links vom Hafen ziehen sich enge, steile Gassen mit niedrigen Häusern den Hang hoch. Winston Churchill war von Câmara de Lobos fasziniert. Am liebsten saß er mit Panamahut und Zigarre auf der Klippe und malte.

Noch heute fahren die Fischer von Câmara de Lobos nachts mit ihren kleinen Booten aus, um den Degenfisch aus dem Meer zu holen. Von den Mönchsrobben *(lobos)*, die vor Jahrhunderten die geschützte Bucht bevölkerten und nach denen der Entdecker Zarco den Ort benannte, ist jedoch keine mehr zu sehen. Auf Zarco, der vier Jahre seines Lebens hier verbrachte, geht auch der Bau der kleinen Kirche am Hafen zurück: Nossa Senhora dos Pescadores, Schutzpatronin der Fischer.

Bei einem Spaziergang am Hafen wird man feststellen, dass Câmara de Lobos nicht nur ein pittoreskes, sondern vor allem ein armes Fischerdorf ist. In der kleinen Hafenbucht werkeln Fischer an ihren Booten, spielen Karten und flicken ihre Netze. Auf den schwarzen Felsen unten am Meer hängen Katzenhaie *(gatas)* auf Holzgestellen zum Trocknen, der markante Fischgeruch weist den Weg. Das Meer schwappt in die Felsmulden, die Sonne lässt das Wasser verdampfen, übrig bleibt Salz: Die Felsen sind natürliche Salinen.

Nossa Senhora da Conceição/Nossa Senhora dos Pescadores:

Câmara de Lobos *Orte von A bis Z*

Die wahrscheinlich älteste Kirche der Insel entstand um 1420; die Bruderschaft Corpo Santo (eine christliche Vereinigung zur gegenseitigen Hilfe der Fischer) renovierte sie 1702 im Barockstil. Die goldverzierten Holzschnitzarbeiten *(talha dourada)* und die naiven Ölgemälde mit Darstellungen aus dem Leben der Fischer stammen ebenfalls aus jener Zeit. Auch der zweite Schutzpatron der Fischer ist hier vertreten, Pater Pedro Gonçalves Telmo.

Pfarrkirche São Sebastião: Ursprünglich stand hier die von Zarco errichtete Heilig-Geist-Kapelle, worauf sich auch die Jahreszahl 1430 im Pflastermosaik bezieht. Später wurde die Kirche immer wieder umgebaut. Herrliche vergoldete Holzschnitzereien am Haupt- und an den Seitenaltären aus dem 18. Jh., *azulejos* an den Seitenwänden.

Markthalle (Mercado): in Hafennähe, tgl. 8–20 Uhr. Kleiner als in Funchal, doch auch einen Spaziergang wert.

Estreito de Câmara de Lobos: Der Weg ins höher gelegene Weinörtchen ist nicht weit, doch serpentinenreich. Wenn Sie im August/September hier hochfahren, begegnen Ihnen viele Weinbauern. Direkt am Markt, auf dem vor allem sonntags ein buntes Treiben herrscht, liegt eine gute Adresse für *espetada*-Spieße: das Restaurante As Vides.

Cabo Girão: Vom Aussichtspunkt auf dem knapp 600 m hohen Felsenkap ist der Blick spektakulär. Am Ufersaum liegt die Obstplantage Fajã dos Padres mit Restaurant und Bademöglichkeit, in der Weinkellerei wird der beste Malvasier der Insel produziert (Centro de Animação Turístico da Fajã dos Padres, Tel. 291 94 45 38, Fax 291 16 44 58; Führungen in englischer Sprache und Weinprobe. Folgen Sie der Beschilderung Fajã dos Padres und biegen Sie hinter der Schnellstraße rechts ab. Zur Plantage kommen Sie mit einem Aufzug *(elevador,* 7 €/Person).

Das Auge wird verwöhnt: Câmara de Lobos im Sonnenschein

Orte von A bis Z **Caniçal**

Pico da Torre: Eine Spazierfahrt auf den ›Turmberg‹ lohnt wegen des herrlichen Blicks (Straße Richtung Estreito de Câmara de Lobos).

Uferpromenade Rocha/ Largo do 28 de Maio, Tel. 291 94 34 70, unregelmäßig geöffnet.

Estalagem Quinta do Estreito: Rua José Joaquim da Costa, Estreito de Câmara de Lobos, Tel. 291 91 05 30, Fax 291 91 05 49, www.charming hotelsmadeira.com, Luxus.
Ein ungemein elegant renoviertes Herrenhaus in traumhafter Umgebung (prächtiger Garten, Weingärten) und mit toller Aussicht.

Ríba Mar: Largo da República, Tel. 291 94 21 13, Di–So 12–23 Uhr, moderat.
Besonders gut: Fischeintopf mit Meeresfrüchten. Sehr schöne Terrasse.

Henriques & Henriques: Sítio de Belém, Câmara de Lobos, Tel. 291 94 15 51, Fax 291 94 15 90.
Preisgekrönte Madeiraweine.

Câmara de Lobos: August – *Kulinarische Woche;* Oktober – Dorffest.
Estreito de Câmara de Lobos: Mai – *Festa da Cereja* (Kirschenfest); August/September – Weinlese; wechselndes Datum im September – Weinfest (s. Extra-Tour 2).

Câmara de Lobos Taxi: Tel. 291 94 52 29, Stand gegenüber der Kirche; Tel. 291 94 27 00, Sítio do Espírito Santo e Calçada; Tel. 291 94 24 07, Markt.

> **Tipp**
>
> Fragen Sie in den Buchhandlungen von Funchal (s. S. 52) nach dem Fotoband ›Vivências – Câmara de Lobos‹! Der exzellente Madeirenser Fotograf João Pestana hat seine subtilen Beobachtungen der Menschen und des Alltagslebens in dem kleinen Fischerort Câmara de Lobos festgehalten und veröffentlicht.

Bus: Linien 3, 4, 6, 7, 96, 107, 148, 154; häufige Busverbindung von und nach Funchal.
Estreito de Câmara de Lobos Taxi: Tel. 29 16 94 52 29, an der Kirche.
Bus: Linien 4, 6, 7, 96, 107, 148, 154; mehrmals tgl. von und nach Funchal.

Caniçal

Lage: K/L 5
32 km östlich von Funchal
Einwohner: 3500

Das Dorf der früheren Walfänger von Madeira liegt fast am Ende der Welt – am östlichsten Punkt der Insel. Wenn man aus dem 750 m langen Tunnel wieder auftaucht, hat sich die Landschaft schlagartig geändert: Man findet sich in einer trockenen, ockerfarbenen Landschaft wieder. Der Ortskern von Caniçal liegt an der geschützten Hafenbucht, um die herum sich ein paar Cafés gruppieren. Auch ein winziger Souve-

Caniçal   *Orte von A bis Z*

nir-Kiosk steht hier, in dem ein bedächtiger ehemaliger Walfänger Kettchen aus Muscheln und Walknochen, muschelbesetzte Dosen, handliche Wale aus Holz und glitzernde Steine verkauft. Eigentlich sind die Fischer von Caniçal noch sehr stolz auf ihre Walfangtradition, auch wenn sie 1981 durch das Washingtoner Artenschutzabkommen arbeitslos wurden. Die früheren Jäger überwachen nun wohl oder übel die Küstengewässer, die zum Nationalpark für Meeressäugetiere deklariert wurden.

 Museu da Baleia: am Hafen, Di–So 10–12, 13–18 Uhr, im Winter bis 17 Uhr.
Ein 45-minütiger Dokumentarfilm (auch deutsch) zeigt Greuel und Gefahren des Walfangs; besonders imposant ist das lebensgroße (12 m lange) Wachsmodell eines Pottwals, daneben ein vergleichsweise winziges Walfängerboot.

 Auf der **Halbinsel São Lourenço** kann man am kleinen Strand Praínha baden – schwarzer feiner Lavasand. Am Wochenende sind hier auch viele Einheimische.

 **Wanderung** zur Ostspitze auf die **Ponta de São Lourenço:** Diese Wanderung führt durch ein wind- und wasserumbraustes Stückchen Wüste.

Parken können Sie auf dem großen Parkplatz am Ende der asphaltierten Straße, am nördlichen Ende beginnt der Wanderweg. Nach ca. 100 m biegen Sie rechts in eine Mulde ab (schmaler Steig), die Sie durchqueren. Von der Talmulde sind es etwa 15 Min. bis zu einer Felsmauer, von der aus Sie den weiteren Wanderweg bereits sehen können. Dann hält man sich links und läuft abwärts (weiter links führt ein Pfad zu einem herrlichen Ausblick). Laufen Sie dann geradewegs auf das Ostkap zu; nach 15 Min. scheint der Weg zu enden, doch wenn Sie gern ein wenig klettern und schwindelfrei sind, können Sie über die Felsplatten weitergehen. Nach insgesamt 40 Min. passieren Sie einen Grat

---

Tipp außerhalb …

Quinta do Lorde: Sítio da Piedade, Tel. 291 96 02 00, Fax 291 96 02 02, moderat. Der Zufahrtsweg zur Quinta do Lorde zweigt von der Straße Caniçal/Ponta de São Lourenço ab. In dem sehr geschmackvoll, mit moderner Kunst und edlem Design eingerichteten Landsitz gibt es nur neun (äußerst begehrte) Zimmer, daher unbedingt reservieren! Die Quinta liegt sehr ruhig oberhalb der weit geschwungenen Bucht, kann mit einem Meerwasserschwimmbecken und einer schönen Sonnenterrasse sowie einem Zugang zum Meer (Wassersport) aufwarten. Das Hotelrestaurant bietet internationale Küche.

Orte von A bis Z — **Caniço**

(rechts und links Meer). Nach etwa weiteren 15 Min. haben Sie das Plateau Casa da Sardinha erreicht, von dem aus Sie auf den vor Ihnen liegenden, recht steilen Gipfel steigen können: Ein herrlicher Ausblick auf kleine Inselchen, die Desertas, Porto Santo und die Gipfel Madeiras entschädigen für die Mühe. **Dauer:** Hinweg ca. 1 Std. 20 Min. **Achtung:** Unternehmen Sie diese Wanderung nicht bei Nebel oder Sturm!

Für Nicht-Wanderer: Der Ausflug lohnt sich auch mit dem Auto – dann fahren Sie bis zum Parkplatz und genießen die Aussicht auf die bizarren Felszacken, den Leuchtturm und die Küste. Und vielleicht werfen Sie bei Praínha noch einen Blick in die Kapelle Nossa Senhora da Piedade hoch oben auf einem Vulkankegel über der Bucht.

Pico do Facho: Vor dem Tunnel nach Caniçal führt rechterhand eine schmale Straße auf den ›Fackelberg‹. Hier hat man früher Wachen postiert, die große Feuer entzündeten, um Machico und Funchal vor Piraten zu warnen. Bei sehr klarem Wetter gute Fernsicht! Ideal zum Picknicken.

Residencial Praínha Sol: Palmeira Cima (an der Hauptstraße), Tel. 291 96 24 38, Fax 291 96 92 29, günstig. Schnörkellose Pension.

O Pescador: beim Walmuseum, günstig. Einfache Fischgerichte, aber frisch und schmackhaft.

20. Januar: Fest des Ortsheiligen Sebastião, dem Patron der Fischer.
Drittes September-Wochenende: *Festa de Nossa Senhora da Piedade,* Bootsprozession zu Ehren Unserer Lieben Frau der Frömmigkeit, Ponta de São Lourenço.

Taxi: Tel. 291 96 19 89.
Bus: 113 nach und von Funchal und Machico, 12 x tgl., Fahrzeit 1 Std. 15 Min.

Caniço

Lage: J 7
9 km östlich von Funchal
Einwohner: 8000

Früher waren die Küstenfelsen von Schilfrohr *(caniço)* überwuchert, doch seit einigen Jahren ist Caniço wegen seiner schönen Lage an der Südküste und seiner Nähe zu Funchal ein beliebtes Urlaubsziel. Die beiden Ortsteile Caniço de Baixo und Garajau liegen auf Klippen am Meer, der Ortskern liegt 200 m höher und gruppiert sich um den Hauptplatz Sítio da Vargem. Die Kirche am Platz ist gleich zwei Heiligen geweiht: dem hl. Antonius von Padua und dem Heiligen Geist. Von innen ist die Barockkirche eher schlicht.

In Caniço lebt man im wesentlichen vom Tourismus. Viele Taucher besuchen den 6 km langen Küstenabschnitt, der auf Initiative eines Deutschen zum Unterwasser-Schutzgebiet erklärt worden ist: Seit 1986 darf hier nicht gefischt werden, weshalb die Taucher auch Silberbarsche und sogar Mantas zu Gesicht bekommen.

Öffentliche Badeanlagen: Lido Galomar/Lido Rocamar: Treppen ins Meer und ein Meerwasserpool (die Anlagen gehören zu den gleichnamigen Hotels). Kiesstrand in der nahe gelegenen **Bucht Reis Magos.**

Caniço

Orte von A bis Z

Quinta Splendida: sich mal so richtig verwöhnen lassen

Biking
Trekkingbikes mit Shimanoausstattung vermietet **Rainer Waschkewitz** im Hotel Villa Ventura, Tel. 291 93 46 11, Fax 291 93 46 80, www.villa-ventura.com.

Segeln
Segeltörns zu den Desertas (ca. 50 €) und entlang der Westküste (von ca. 20–40 €) bietet an:
Hotel Villa Ventura, s. Biking. Die »Ventura« liegt im Jachthafen von Funchal.

Tauchen
Barakuda Club Manta Diving Center, Gabriele Anhalt und Stefan Maier, im Hotel Galomar, Tel./Fax 291 93 55 88, www.mantadiving.com. Auch Nachttauchen, Höhlen- und Wracktauchen, Unterwasserfotografie.
Tauchschule Atalaia im Hotel Roca Mar, Tel. 291 93 43 30, Handy 966 01 25 19, Fax 291 93 30 11, www.atalaia-madeira.com. Auch Nacht- und Höhlentauchen.

Wandern
Pirata Tours, Estrada do Garajau 156 b, Caniço – Sitio da Quinta, Garajau, Tel. 291 93 57 55, Fax 291 93 57 52, www.pirata-tours.com. Tägliche Wanderangebote von leicht bis schwierig.

Posto de Turismo, Rua Roberto Baden Powell (zwischen Pizzeria und Galo Resort), Tel. 291 93 29 19, Mo–Fr 9.30–13, 14.30–17.30 Uhr.
Arzt (deutschsprachig):
Dr. Pierre Curado, Rua Bartolomeu Perestrelo, Caniço de Baixo, Tel. 291 93 22 18, Handy 965 07 51 00.

A Lareira: Sítio da Vargem, Tel. 291 93 42 84, günstig. 17 Zimmer, einfach, sauber und günstig. Auch das gleichnamige Restaurant im Haus (mit Kaminzimmer) ist empfehlenswert.
Hotel Quinta Splendida: Sítio da Vargem, Tel. 291 93 04 00, Fax 291 93 04 01,

Orte von A bis Z # Caniço

www.quintasplendida.com, Luxus.
Umgeben von einer traumhaften Gartenanlage wohnt man in luxuriösen, elegant eingerichteten Bungalows. Das Feinschmecker-Restaurant La Perla lohnt den Besuch unbedingt. Umfangreiches Relax-Programm, Kunstgalerie.

... in Caniço de Baixo
Galomar Hotel: Tel. 291 93 45 66, Fax 291 93 45 55, Internet s. Ondamar Wellness-Hotel, moderat.
Unterhalb des Ondamar liegt die kleinere und preiswertere Anlage Galomar mit 40 Zimmern. Beide Hotels stehen unter der (deutschen) Leitung der Galo Resort Hotels. Familiäre Atmosphäre und viel Raum für Kinder. Die Einrichtungen des Ondamar stehen ebenfalls zur Verfügung. Tauchschule im Hotel.

Ondamar Wellness-Hotel:
Tel. 291 93 45 66,
Fax 291 93 45 55,
www.ondamar.com,
moderat/teuer.
127 Zimmer und Studios. Schöne Anlage mit großem Garten auf einem Felsrücken etwa 50 m über dem Meer. 5 Restaurants, diverse Bars, Pool, Sonnenterrasse, umfassende Fitness- und Sportangebote, Beautyfarm, Hallenbad, Sauna.

INN & ART Hotel:
R 61/62 Rua Robert Baden Powell, Tel. 291 93 82 00, www.innart.de, teuer.
Das INN + ART Hotel Gallery liegt auf der Klippe in einer paradiesischen Umgebung mit Brunnen, Patio und Garten. Besonderes Ambiente durch die individuelle Dekoration und die angeschlossene Galerie, in der Inhaber A. Sprotte Werke seines Vaters Siegmar Sprotte ausstellt. Ausgenommen freundlicher Service, sehr gutes **Restaurant** (auch für Nicht-Hotelgäste, günstig/moderat) – ein besonderer Tipp für Individualisten.

... in Garajau
Hotel Dom Pedro Garajau:
Sítio da Quinta, Estrada do Garajau 131, Tel. 291 93 08 00,
Fax 291 93 08 01,
günstig/moderat.
282 Zimmer hoch über der Steilküste. Mit beheizbarem Pool, schönem Garten, Spielplatz. Auch für Selbstversorger geeignet.

Vila Theresia: Rua Tristão Vaz Teixeira 150, Sítio da Quinta,
Tel. 291 93 48 59, www.madeira apartments.com/vila_theresia/itinerary.html, moderat.
Bildschöne Villa mit 2 Apartments bzw. 3 Zimmern, herrlicher Garten mit Fischteich. Sehr gut geeignet für Familien oder kleine Gruppen (7 Personen; Preis für die gesamte Villa: 125 €).

...am Strand von Reis Magos
Oasis Atlantic: Tel. 291 93 01 00,
Fax 291 93 01 09,
www.oasisatlantic.com,
teuer/Luxus.
122 Zimmer mit Kitchenette. Man ist auf die Bedürfnisse körperbehinderter Menschen eingerichtet.

The Village Pub: Ortszentrum, Tel. 291 93 25 96, Di–Sa 12–2 Uhr, günstig.
Mike und Ana Dunsdon servieren englisches Frühstück und diverse Snacks – sehr freundlich.

... in Caniço de Baixo
Residencial – Restaurant Café Rústico: Estrada Ponta da Oliveira, Tel. 291 93 43 16,
Fax 291 93 44 83,
www.madeira-caferustico.com,
günstig.
Sehr empfehlenswertes Restaurant mit Pension (12 Zimmer). Hausgemachte Würste und Schinken werden serviert, dazu ein

Curral das Freiras

Orte von A bis Z

selbst gebrautes Bier (Starkenburgbräu). Deutsche Leitung.

August: Gastronomische Woche.

Taxi: Sítio da Vargem, Tel. 291 93 46 40;
Inter Atlas, Tel. 291 93 46 06;
Onda Mar, Tel. 291 93 45 22.
Bus: Nr. 2 fährt von Assomada (Tendeira) nach Funchal, Nr. 109 von Moinhos (Adufa), Nr. 87 von Eiras, Nr. 136 von Vargem (über Garajau) und Nr. 155 von Ponta da Oliveira nach Funchal. Alle jeweils etwa stündlich.

Curral das Freiras

Lage: F 5
20 km nordwestlich von Funchal
Einwohner: 1000

Wörtlich übersetzt bedeutet Curral das Freiras ›Nonnenstall‹. Der merkwürdige Name kam zustande, weil die Nonnen des Klosters Santa Clara 1566 in dieses abgelegene Tal flüchteten, als französische Piraten Funchal überfielen und die Stadt brandschatzten. Damals war das Örtchen nur mühsam über versteckte Bergpfade zu erreichen. Schon zu Zarcos Zeiten wurde hier Viehzucht betrieben (*curral* = Stall).

Mühevoll haben die Bauern die Terrassenfelder in die steilen Berghänge geschlagen, auf denen sie Obst und Gemüse anbauen. Berühmt ist der Ort jedoch für seine Esskastanien, aus denen man allerlei leckere Spezialitäten und Trinkbares (Kastanienlikör) zaubert. Die Lage von Curral das Freiras ist spektakulärer als der Ort selbst: Das Zentrum besteht aus ein paar Cafés und Restaurants, einem Andenkenladen und einer kleinen Kirche.

Estalagem Eira do Serrado: am Aussichtspunkt Eira do Serrado, www.eiradoserrado.com, teuer.
17 Zimmer, 8 Suiten. Gut 1000 m über dem ›Nonnental‹ wohnt man komfortabel mit Sauna, Jacuzzi und elegantem Restaurant.

Wandern: Vom Aussichtspunkt **Eira do Serrado** kann man bergab nach Curral das Freiras wandern (2,5 km, teils sehr steil, 400 m Höhenunterschied).

Nun's Valley: am Hauptplatz,
Tel. 291 71 21 77, 10–23 Uhr, günstig.
Leckere Spezialitäten aus Kastanien (Suppe, Kuchen, Likör). Ebenfalls sehr gut: das in Knoblauch und Wein geschmorte Schweinefleisch und die Rindfleischspieße.

1. November: *Festa da Castanha:* Kastanienfest.

Bus: Linie 81 von Funchal aus (Haltestelle Fortaleza de São Lourenço).

Encumeada-Pass

Lage: E 4
43 km nordwestlich von Funchal
Extra-Tour 3: s. S. 88

Der Pass ist zwar der niedrigste auf Madeira (1007 m), doch immerhin ist er hoch genug, um bei gutem Wetter die Nord- und die Südküste gleichzeitig überblicken zu können. Es kann aber genauso gut passieren, dass Sie mitten in der Wolkendecke stehen – das

Orte von A bis Z **Faial**

Wetter am Encumeada-Pass ist reine Glückssache. Lorbeerwälder ziehen sich die Berghänge bis zum Pass hoch, Picknicktische an der Straße laden zu einer Panorama-Pause ein.

Ein **Spaziergang** entlang der *Levada das Rabaças*, den Sie gut mit der Extra-Tour 3 verbinden können: Die Levada beginnt gegenüber dem Restaurant am Encumeada-Pass; je nach Wetterlage bieten sich hier herrliche Ausblicke auf schroffe Felsen, zackige Vorsprünge und tiefe Täler. Den schönsten Teil dieser Levada – blühende Wildblumen und Bergvegetation säumen den Weg – hat man nach ca. 20 Min. bereits abgelaufen; wenn sich die Levada gabelt (ein Arm führt durch einen Tunnel) kann man getrost umkehren, da die Berghänge auf der anderen Seite gerade erst wieder aufgeforstet werden.
Dauer: 20 Min. Hinweg
Bergwandern: Vom Encumeada-Pass führt eine eindrucksvolle, aber recht anstrengende Tour (ca. 6 Std.) über die Berggipfel im Osten: den Pico Topeiro (1331 m), Pico do Jorge (1692 m), Pico das Torrinhas (1509 m) und Pico Ruivo (1862 m, s. S. 62) nach Achada do Teixeira (1592 m).

 Pousada dos Vinháticos: Serra de Água, Tel. 291 95 23 44, Fax 291 95 25 40, www.dorisol.pt, günstig.
21 Zimmer, rustikal, aber komfortabel eingerichtet. Da die Pousada bei Wanderern und Naturliebhabern sehr begehrt ist, sollte man vorher reservieren. Mit Restaurant und herrlicher Aussichtsterrasse. Halb- und Vollpension möglich (sinnvoll, da kein anderes Restaurant in der Nähe ist).

15. August: In den Dörfern der Serra d'Água wird das Fest der wundertätigen *Nossa Senhora da Ajuda* gefeiert.

Bus: Linien Nr. 6 und 139 ab Funchal, Fahrzeit ca. 2 Std., 6 x tgl.

Faial

Lage: H 3/4
30 km nördlich von Funchal
Einwohner: 2500

Von üppigen grünen Tälern und Hängen umgeben ist dieser kleine Hafenort an der Nordküste, der vor allem wegen eines imposanten Küstenfelsens bekannt ist: Der ›Adlerfelsen‹, Penha d'Águia, ragt als Wahrzeichen des Nordens 590 m hoch und trennt als gigantischer Klotz Faial vom Nachbarort Porto da Cruz (s. S. 66). Früher holte man sich vom Hausberg sein Brennholz, und auf dem Felsen nisteten die Seeadler. Die umliegenden Obst- und Gemüsefelder sind so fruchtbar, dass drei- bis viermal pro Jahr geerntet werden kann. Auf den Berghängen ringsum sieht man überall kleine spitzgiebelige Holzhäuschen, *palheiros*: Darin sind die ›kostbaren‹ Kühe untergebracht. Die Bauern servieren ihnen Heu und Gräser, denn freies Grasen wäre viel zu gefährlich. Der Hafen von Faial hatte eine recht große Bedeutung, als der Warentransport noch per Schiff rund um die Insel organisiert war – regelmäßig holten die Boote frische Butter und Melasse ab. Heute gelangt man bequem auf dem Landweg in den nordöstlichen Teil der Insel. Von den Kais springen Kinder in die Atlantikwellen, und auch die idyllische Flussmündung

Faial

Orte von A bis Z

Weit schweift der Blick: vom Encumeada-Pass ins Tal von São Vicente

wird von den Einheimischen als Schwimmbecken genutzt.

Vom Aussichtspunkt oberhalb des Dorfs sieht man den ›**Adlerfelsen**‹ besonders gut. Mehrere Aussichtsplattformen auf dem **Penha d'Águia**.
Nossa Senhora da Natividade: Zu der Wallfahrtskirche aus dem 18. Jh. pilgern jährlich tausende Gläubige.

Falls Sie die Nachbarorte Santana (s. S. 76) und Porto da Cruz (s. S. 66) schon gesehen haben: Eine wunderschöne Strecke führt über das Bergdörfchen **São Roque do Faial** nach **Ribeiro Frio** (s. S. 74). Wenn Sie der EN 103 noch weiter folgen, können Sie einen Abstecher auf den **Pico do Arieiro,** den dritthöchsten Berg Madeiras (s. S. 61), machen und/oder über **Monte** (s. S. 58) bis **Funchal** (s. S. 41) fahren.

Rural Sanroque: Chão do Cedro Gordo, São Roque do Faial, Tel. 291 57 52 49, 291 57 51 26, Fax 291 57 55 34, www.angelfire.com/ma/deira, günstig.
11 DZ, 3 mit Einbauküche. Auf einem Bergrücken liegt dieses freundliche Gasthaus mit Restaurant. Viel Aussicht und Ruhe.

Casa de Chá do Faial: Lombo Baixo, Tel. 29 15 72 23, hinter São Roque do Faial, ausgeschildert, tgl. 9–18 Uhr, moderat.
Ein ›Teehaus‹ mit Glasveranda und herrlichem Blick auf São Roque do Faial, in dem es auch Kaffee und sehr gutes Essen gibt.

São Roque do Faial: März/April – *Festa da Anona*. Mit dieser subtropischen Köstlichkeit lässt sich allerhand anstellen …

Orte von A bis Z **Funchal**

Taxi: Tel. 291 57 24 16.
Bus: Faial liegt auf der Strecke von/nach Santana; Buslinien 103, 132 und 138, 3–6 x tgl.

Funchal

Lage: G/H 6/7
Einwohner: 125 000

In der windgeschützten, sonnenverwöhnten Bucht landete 1419 der Entdecker João Gonçalves Zarco. »Das liebliche Tal war über und über mit duftendem Fenchel bedeckt, bis zum Meer«, bemerkte ein zeitgenössischer Chronist, und der Fenchel (port. *funcho*) gab der Siedlung auch ihren Namen. 1425 schließlich gründeten die Portugiesen das heutige Funchal.

Wie überall so lebte auch hier der Zuckeranbau von der Sklavenarbeit: Auf dem Pelourinho in der Nähe des Hafens wurden die Sklaven versteigert. So viel Reichtum lockte immer wieder Korsaren aller Länder auf die Insel; um 1580 wurden Befestigungsanlagen gebaut, die jedoch nicht verhindern konnten, dass 1640 englische Piraten die Stadt schleiften, 1200 Einwohner verschleppten und in die Sklaverei nach Nordafrika verkauften.

Nach dem Niedergang des Zuckerexports verlegte sich die Stadt auf den Weinhandel; schon zu Beginn des 18. Jh. hatten sich englische Weinhändler in Funchal niedergelassen und dort prächtige Herrenhäuser *(quintas)* gebaut, denn der Weinexport florierte beständig. Allerdings machten 1852 der Mehltau und 1872 die Reblaus die gesamte Weinernte zunichte, was zu schweren Krisen in der Hauptstadt führte: Viele Einwohner Funchals und Weinbauern aus dem Landesinnern wanderten aus. Gleichzeitig avancierte Funchal zur beliebten Sommerresidenz des europäischen, vor allem des englischen Adels und reicher Bürger.

Auch im 20. Jh. verschärfte sich die Kluft zwischen Arm und Reich weiter, als etwa 1931 die Getreidemühlen per Gesetz monopolisiert wurden, was zu Hungerrevolten der Stadtbevölkerung führte – die mit Militäreinsätzen aus Portugal erstickt wurden. Während des Zweiten Weltkriegs blieben Portugal und Madeira neutral, und auch in den folgenden Jahren lebte die Stadt recht abgeschieden von den politischen Dramen Europas.

Seit Jahrhunderten ist Funchal also das Zentrum der Insel und ihre Hauptstadt, eine Mini-Metropole, über deren Lärm und Hektik sich die Einwohner gern beklagen, während Funchal den großstadtgeplagten Urlaubern eher als gemütliches Städtchen erscheint.

Funchal

Orte von A bis Z

 Quinta Vigía: Avenida do Infante, oberhalb des Parque de Santa Catarina; der Garten kann von ca. 10–16 Uhr besichtigt werden.

Das rosafarbene Herrenhaus aus dem 17. Jh. ist heute Sitz der Regionalregierung Madeiras und wird außerdem als ihr Gästehaus genutzt. Zur Quinta gehört eine Barockkapelle mit großen weißblauen *azulejo*-Bildern.

Jardim Municipal und **Denkmal Heinrichs des Seefahrers:**
Der Stadtpark Santa Catarina mit seiner beeindruckenden Pflanzenvielfalt wurde 1945 angelegt – eine Oase mit Blick auf den Hafen und ein hübscher Platz für die im Park verteilten Denkmäler: Christoph Kolumbus ist hier verewigt, aber auch die beiden mutigen Flieger Gago Coutinho und Sacadura Cabral, die 1921 zum ersten Mal von Lissabon nach Madeira flogen. Auf der Kreuzung unterhalb des Parks wacht ein bronzener Heinrich der Seefahrer über die Autoschlangen im Kreisverkehr und den Springbrunnen mit der Weltkugel.

Die **Avenida Arriaga** mit den lila blühenden Jacarandabäumen und dem Stadtgarten Dona Amélia ist

Orte von A bis Z **Funchal**

neben der Avenida do Mar eine der Hauptschlagadern der Stadt.
Madeira Wine Company:
am Stadtgarten Dona Amélia, einstündige Führung durch den Weinkeller und das dazugehörige Museum, Mo–Fr 10.30, 15.30, Sa 11 Uhr. Empfehlenswerte Einkaufsadresse.
Teatro Municipal Baltazar Días:
Avenida Arriaga, gegenüber dem Stadtgarten.
Der klassizistische Bau (Ende 19. Jh.) birgt einen eleganten Theatersaal mit rotem Plüsch, in dem häufig Konzerte stattfinden. Sehr beliebtes Café.

Festung São Lourenço:
Avenida Arriaga.
Die älteste Festung Funchals sollte nach dem verheerenden Piratenangriff 1566 die Stadt vor weiteren Überfällen schützen. Die Figur des hl. Lorenz steht über dem Eingang. Wenn man die angrenzende Seitenstraße Richtung Uferpromenade geht, kann man einen Blick auf den älteren Teil (Südostturm) der Festung werfen. Hier stand ursprünglich ein kleiner Turm, den König Manuel I. 1513 in Auftrag gab. Erkennbar ist noch das Wappen des Christusritterordens auf dem Turm. Die beiden

Funchal

Orte von A bis Z

Neu: Durch die Lüfte nach Monte

Seit November 2000 besitzt Funchal mit der Seilbahn nach Monte (Teleférico) eine weitere Attraktion. In den gläsernen Kabinen fährt man die 3,2 km lange Strecke (Fahrtzeit ca. 15 Min.) und hat einen atemberaubenden Panoramablick über die Bucht von Funchal. In der zweiten Bauphase soll die Seilbahn bis zum Naturpark Arieiro ausgebaut werden. Station in Funchal: Parque Almirante Reis, Zona Velha. Station in Monte: Caminho das Babosas, Nähe Monte Palace Tropical Garden. Die Gondeln verkehren zwischen 8.30 und 18 Uhr. Teleféricos Madeira, Tel. 291 78 02 80. Einfache Fahrt 7,50 €, Hin- und Rückfahrt 12,50 €.

Armillarsphären sind das Symbol der portugiesischen Entdecker.

Das **Denkmal** für den Inselentdecker João Gonçalves Zarco auf der Kreuzung Avenida Arriaga/Avenida Zarco ist eine Arbeit des berühmten Madeirenser Bildhauers Francisco Franco.

Kathedrale Sé: am östlichen Ende der Avenida Arriaga, tgl. ab 6.30 Uhr.

1514 wurde die Kirche zum Bischofssitz (*Santa Sede*, Abkürzung Sé) geweiht. Die Natursteinfassade der Kathedrale ist eher schlicht, innen wird es etwas prunkvoller: reich mit goldverzierten Schnitzereien geschmückte Altäre, eine kostbare, mit Intarsien aus Elfenbein verzierte Decke im Mudéjar-Stil. Auch das blau-goldene Chorgestühl aus Flandern ist sehenswert.

Alfândega Velha: Rua d'Alfândega bzw. Rua de António José d'Almeida, Besichtigung nur außerhalb der Parlamentszeiten, Info beim Tourismusamt.

Die Zollstation (um 1500) ist eines der ältesten Gebäude in Funchal. Das Portal mit dem portugiesischen Wappen ist der einzige Gebäudeteil, der das Erdbeben von 1748 überstanden hat. Besonders sehenswert ist die Holzdecke im Innern der Station.

Sklavenmarkt/Pelourinho:
Früher wurden auf diesem Platz am Wasser die Sklaven versteigert und Verbrecher am Schandpfahl bestraft – der moderne Platz mit der hoch aufragenden Säule erinnert daran. Heute sind Säule und Platz der Autonomie gewidmet (Rotunda da Autonomía).

Mercado dos Lavradores:
Rua Latino Coelho, Mo 7–14, Di–Do und Sa 7–16, Fr 7–20 Uhr.
Auf dem Bauernmarkt mit dem schönen alten Kachelbild werden alle nur erdenklichen Obst- und Gemüsesorten, duftende Schnittblumen und glitzernde frische Fische verkauft. Auch im Innern des Marktgebäudes sind viele Kachelbilder zu sehen. Rund um den Markt bieten kleine Restaurants die frischen Köstlichkeiten gegrillt, geschmort und gedünstet an …

Capela do Corpo Santo: über die Rua D. Carlos I. zu erreichen, Travessa do Porto.

Im Herzen der für den Verkehr gesperrten Altstadt liegt diese kleine,

Orte von A bis Z **Funchal**

weiß getünchte Fischerkapelle aus dem 15. Jh. Sie erinnert an die Zeit, als die heutige Altstadt ein Quartier für Arme war, in dem immer wieder Pest und Cholera grassierten.

Festung São Tiago/Museu de Arte Contemporánea:
Mo–Sa 10–12.30, 14.30–17.30 Uhr, feiertags geschl.

Am Ende der Travessa do Porto wurde im 17. Jh. auch die Altstadt mit einer kleinen Befestigungsanlage versehen (1614–1637), die 1767 erweitert wurde. Heute ist hier ein kleines, aber sehenswertes Museum für Moderne Kunst untergebracht.

Igreja do Socorro (auch **Santa Maria Maior**): Largo de Santa Maria, während der Gottesdienste zu besichtigen:
Sa 17, So 8, 9 und 11 Uhr.

Anlass für den Bau dieser Kirche war eine Pestepidemie, die Funchal 1523 heimsuchte. Was man heute sieht, ist der Wiederaufbau aus dem 18. Jh. Vor der Kirche liegt ein mit *azulejos* und Bougainvilleen geschmückter Aussichtsplatz.

Zentrum und Oberstadt
Praça Municipal/ Câmara Municipal:
Der Rathausplatz mit dem schwarz-weißen Mosaikboden wird vom Rathaus (1758), ursprünglich ein Palast des Grafen von Carvahal, beherrscht. Im Treppenaufgang kann man sich das Stadtwappen noch mal in groß ansehen, und im Innenhof stehen Zeus und Leda.

Jesuitenkolleg/Igreja do Colégio (Kollegiumskirche):
Nordseite der Praça Municipal.
1566 nahmen die Jesuiten auf Anweisung des portugiesischen Königs ihre Schulungsarbeit auf,

Fortaleza de São Tiago: Piraten in Sicht?

denn man befürchtete, die Bevölkerung könnte durch hugenottische Einflüsse (Piraten und Abenteurer) vom rechten Glauben abkommen. 1759 wurde der Jesuitenorden jedoch aus ganz Portugal ausgewiesen. Heute befindet sich im ehemaligen Kolleg eine Abteilung der Universität von Funchal. Die barocke Kollegiumskirche mit schönen Kacheln kann man nur von 17–18 Uhr und während der Gottesdienste besichtigen (Sa 17, So 10, 12, 19 und 20 Uhr).

Rua João Tavira, Rua da Carreia, Rua das Pretas:
Hier lässt es sich gemütlich schlendern, denn die Straßen mit ihren vielen kleinen Geschäften, den Cafés und Kneipen sind für den Autoverkehr gesperrt. In der Rua João Tavira findet man kunstvolle Bodenmosaike.

Igreja de São Pedro: Rua das Pretas, nur während der Gottesdienste, Sa 18.30, So 12.30 und 16 Uhr.

Funchal
Orte von A bis Z

Die Straßen von Funchal laden zum gemütlichen Bummel ein

Die Wände sind vollständig mit wertvollen Kacheln aus dem 17. Jh. geschmückt.
Convento de Santa Clara:
Calçada de Santa Clara,
Mo–Fr 9–12, 15–17 Uhr; der Kreuzgang des Klosters kann normalerweise nicht besichtigt werden (fragen Sie trotzdem!).
Im Hochchor der Kirche des Klarissinnenklosters ruht der Inselentdecker und Legatskapitän João Gonçalves Zarco. Das Kloster wurde im 15. Jh. von zwei Enkelinnen Zarcos begründet. Die üppigen Kachelverzierungen aus dem 17. Jh. sind sehenswert. Die Holztür neben dem Eisengitter wurde an besonderen Tagen geöffnet, damit die isoliert lebenden Nonnen kurz mit Familienangehörigen sprechen konnten.
Quinta das Cruzes:
Calçada do Pico 1,
Tel. 291 74 13 82,
Fax 291 74 13 84,
Di–So 10–12.30, 14–18 Uhr.
Ein Highlight unter den Sehenswürdigkeiten in Funchal: In dem prachtvollen Herrenhaus erfährt man hautnah, wie die Zuckerbarone und die feine Madeirenser Gesellschaft im 17./18. Jh. lebten. Die umfangreiche Sammlung beinhaltet Schränke, Möbel aus brasilianischen Zuckerkisten, Uhren, Krippen, alte Kacheln, Silber und kostbares chinesisches Porzellan.

Die Quinta liegt in einem märchenhaften Garten, der zugleich ein archäologischer Park ist: mit steinernen Schiffstauen und wuchernden Ranken kunstvoll gearbeitete Fensterbögen aus manuelinischer Zeit, mit dem Wasserspeier und dem Basaltkreuz vom Alten Zollhaus, mit jahrhundertealten Grabplatten, Wappensteinen aus diversen Herrenhäusern der Insel und einem Stück vom Schandpfahl, den die Stadt 1835 demontierte. Im Gewächshaus züchtet man seltene Orchideen.
Anglikanische Kirche:
Rua do Quebra Costas 18, und **Britischer Friedhof** ›Old Burial Ground‹, Rua da Carreia 235, Sonnenaufgang bis Sonnenuntergang.
Nach portugiesischem Gesetz durften nicht-katholische Kirchen nicht wie eine Kirche aussehen, daher wirkt die anglikanische Kirche auf Madeira von außen wie ein klassizistisches Landhaus mit einer prächtigen fenstergeschmückten Kuppel. Die Entstehung geht auf die britische Besatzungszeit (1807–1814) zurück. Im Garten erinnert die Büste von Philippa von Lancaster an die enge Verbindung zwischen Portugal und England: Philippa heiratete 1387 Portugals König João I. und ist die Mutter von Heinrich dem Seefahrer.

Orte von A bis Z **Funchal**

Neu: Museu da Electricidade

›Casa da Luz‹, Avenida do Mar, Nähe Praça da Autonomía, Tel. 291 23 39 00, Fax 291 23 39 90, Di–So 10–12.30, 14–18 Uhr, Mo geschl., Fotos und englische Infos unter www.madeira-island.com/museums/. Didaktisch sehr gut aufbereitete Einführung in die Elektrifizierung der Insel, man kann mit verschiedenen elektrischen Systemen herumspielen. Zur Casa da Luz (wörtl.: »Haus des Lichtes«) gehört auch ein Auditorium, das für diverse Konzerte und Festivals genutzt wird – beachten Sie die Ankündigungen!

Gärten und Quintas

Quinta do Palheiro Ferreiro (Blandy's Garden): 8 km östlich von Funchal, nahe der Straße nach Camacha (s. Extra-Tour 1), Mo–Fr 9.30–12.30 Uhr, Buslinie 36 ab Avenida do Mar, Fahrzeit ca. 20 Min.

Ein traumhaft schöner Garten: Schon die Zufahrt ist von alten Bäumen, Lilien und Kamelien umgeben, die Sonnenterrasse versinkt fast im betäubenden Duft von Jasmin und herrlichen Rosen. Der Landsitz selbst gehörte zunächst der Adelsfamilie Carvalhal, wurde jedoch 1885 an die Blandy-Familie verkauft und ist für die Öffentlichkeit nicht zugänglich. Trotzdem gibt es viel zu sehen: z. B. den von Säulen und Figuren umstandenen ›Versunkenen Garten‹, prachtvolle Proteas aus Südafrika, einen hübschen kleinen Teich mit einer Brücke, die zu einem Barockkapellchen führt, das noch vom Grafen Carvalhal gebaut wurde. Im Jardim da Senhora, dem ›Damengarten‹, kann man sich an merkwürdigen Figuren ergötzen, die kunstvoll aus Hecken geschnitten wurden. Auch eine Hölle gibt es: Das ›Inferno‹ besteht allerdings nicht aus Feuerqualen, sondern aus angenehm kühlen und schattigen Plätzchen.

Jardim Botánico/Quinta do Bom Sucesso: Caminho do Meio, am östlichen Stadtrand, (s. Extra-Tour 1, S. 84), Botanischer Garten tgl. 9–18 Uhr, Museum tgl. 9–12.30, 13.30–17.30 Uhr, Buslinien 29, 30, 31 ab Avenida do Mar, Fahrzeit ca. 30 Min.

Das ›Landhaus zum guten Erfolg‹ gehörte der Familie Reid, die auch das berühmte Hotel baute. Hier ist heute das kleine Naturhistorische Museum eingerichtet, dessen Hauptattraktion ein 10 Mio. Jahre altes versteinertes Stück Baumheide *(Erica arborea)* ist: Im Botanischen Garten können Sie kunstvoll angelegte Blumenbeete, alle endemischen Pflanzen aus Madeira, eine eindrucksvolle Orchideenzucht, ein Treibhaus mit Bromelien, Palmfarne, Sukkulenten sowie den alten Baumbestand und einen Papageienpark bewundern.

Quinta Magnólia: Rua do Dr. Pita, Park öffentlich zugänglich tgl. 8.30–18 Uhr.

Früher gehörte das elegante Gebäude in dem schönen Park dem Country Club. Heute ist es ein

Funchal

Orte von A bis Z

Quinta do Palheiro Ferreiro: Wo soll man denn hier bloß anfangen?

schönes Café für Snacks und zum Teetrinken (Mo–Fr ab 16 Uhr).

 Museu Municipal do Funchal História Natural: Rua da Mouraría 31, Di–Fr 10–20, Sa, So 12–18 Uhr. Ausgestopfte Fauna und ein Aquarium voller Meeresbewohner.

Museu de Arte Sacra: Rua do Bispo 21, Tel. 291 22 89 00, Fax 291 23 13 41, Di–Sa 10–12.30, 14–18 Uhr, So und feiertags geschl., Eintritt 2,25 €.

Ein großartiges Museum mit religiöser Kunst im alten Bischofspalast, sehr beeindruckende Sammlung kostbarer sakraler Gegenstände. Die wertvollen Gemälde flämischer Maler sind ein direktes Dokument des immensen Reichtums, der die ›Zuckerphase‹ auf Madeira prägte: Mit diesen Kunstwerken bezahlten Holland und Belgien die Zuckerlieferungen aus Madeira. Sobald das Licht im Ausstellungsraum angeknipst wird, ertönt Kirchenmusik. Nicht versäumen!

Núcleo Museológico A Cidade do Açúcar (Museu Cidade do Açúcar): Praça Colombo, Di–Sa 10–12.30, 14–18 Uhr. Im ›Zuckermuseum‹ kann man sich genau über den längst vergangenen Madeirenser Zuckerboom informieren. Außerdem: einige Ausstellungsstücke aus dem im 19. Jh. abgerissenen Stadtpalast, in dem Kolumbus 1498 kurz gewohnt haben soll.

Casa-Museu Frederico Freitas: Calçada de Santa Clara 7, Di–So 10–12.30, 14–18 Uhr. Möbel, Porzellan, Gemälde und seltene *azulejos* des berühmten Sammlers. Das Stadtpalais stammt größtenteils aus dem 18. Jh. und wurde immer wieder umgebaut. Ein prachtvolles Speisezimmer mit Originaleinrichtung und schweren Lüstern, Eingangshalle mit Artnouveau-Akzenten, am Ende des Gartens ein Lustpavillon.

Museu do I.B.T.A.M.: Rua Visconde do Anadia 44, Mo–Fr 10–12.30, 14.30–17.30 Uhr, s. Extra-Tour 1, S. 84.

Eine obligatorische Adresse für alle kunsthandwerklich Interessier-

Orte von A bis Z **Funchal**

ten von Madeira: kunstvolle Stickereien, kostbare Gobelins und schöne Korbflechtarbeiten.
Museu Henrique e Francisco Franco: Rua João de Deus, Di–Sa 10–12.30, 14–18 Uhr. Werke des Bildhauers Francisco Franco und seines Bruders Henrique, der viele Inselmotive malte.
Kolumbus-Museum: im Diogos Wine Spirits Shop, Avenida Arriaga 48, Mo–Fr 9.30–13, 15–19 Uhr. Kurioses kleines Privatmuseum.
Museu do Vinho: Rua 5 de Outoubro, Mo–Fr 9.30–12, 14.30–17 Uhr, feiertags geschl., Anmeldung für Gruppen: Tel. 291 22 05 81.
Geräte und Handwerkszeug, viele Informationen über den Weinanbau und -handel, allerdings keine Weinproben.
Museu da Wine Association: Avenida Arriaga 28, am Stadtgarten Dona Amélia, Mo–Fr 9–19, Sa 9–13, Führungen 10.30 und 15.30 Uhr, Anmeldung für Gruppen Tel. 291 74 01 10. Privates Weinmuseum und Kellerei, Weinproben und Verkauf.

Barreirinha: Felsbadeanlage zu Füßen der Kirche Santa Maria Maior am Altstadtrand, im Sommer tgl. 8.30–19 Uhr, im Winter 9–18 Uhr. Gesicherter Meereszugang und Pool.
Lido: Rua do Gorgulho, im Sommer tgl. 8.30–19 Uhr, im Winter tgl. 9–18 Uhr.
Zentrum der Wasserratten in Funchal: mehrere Pools, ein Meerwasserschwimmbad, Sonnenterrassen, Café, diverse Wassersport-Aktivitäten.

Wassersport-Zentren in Funchal sind die **Marina**, Tel. 291 23 27 17, 291 21 03 18,

Renoviert

**Nach langer Renovierungsphase wird das unbedingt sehenswerte Museu Photographía Vicentes 2002 wieder eröffnet. Auch wegen seines herrlichen Patios mit dem Café ist es ein beliebtes Ziel.
Tel. 291 22 50 50,
Fax 291 23 27 14,
Eintritt 0,75 €.**

und das **Lido-Bad** im Hotel-Viertel. Hier kann man Wasserski fahren, Segeltörns buchen, Hochseeangeln, tauchen und Bootsfahrten unternehmen. Außerdem gibt es noch spezialisierte Veranstalter und Angebote in verschiedenen Hotels.
Sportfischen
Madeira Fishing: Marina, Tel. 291 23 13 12, www.madeira-fishing.com (engl.).
TURIPESCA, Madeira Game Fishing Centre: Marina, Tel. 291 23 10 63, Fax 291 23 10 63.
Costa do Sol, Marina, Tel. 291 22 43 90, 291 23 85 38, Fax 291 23 57 35.
Auch Schiffstouren nach Ribeira Brava, Caniçal, Machico, Cabo Girão und Ponta do Sol.
Madeira Sportfishing: Kontakt über das Büro der deutsch-englischen Zeitschrift Madeira Life, Rua da Praia 29, Tel. 291 23 19 53, Fax 291 23 19 54, www.madeira-holidays.com/pages/sportfishing.html.
Tauchen
Tauchbasis **Ventura Diving** im Hotel Pestana Madeira Carlton, Tel. 291 22 55 89.

Funchal

Orte von A bis Z

Tauchbasis Tubarão Madeira Mergulho Lda.: im Hotel Pestana Palms, Tel. 291 70 92 27, Handy 965 01 11 26, www.scuba-madeira.com.
Mit Nitrox- und Rebreather-Facility; Wrack-, Nacht-, Höhlen-, Foto-Tauchgänge. Kinderbetreuung von 10–16 Uhr möglich.

Wasserski
Im Freizeitbad Lido, s. o.
Terras de Aventura: Caminho do Amparo 25, Tel. 291 776 818, Fax 291 771 018.
Jetski und Wasserski, auch Trekking.

Golf
Palheiro Golfe: São Gonçalo, Tel. 291 79 21 16, Fax 291 79 24 56, www.madeira-golf.com.
In den Höhen östlich von Funchal liegt dieser mehr als 6 km lange 18-Loch-Golfplatz. Schmale Fairways und ›schnelle‹ Greens in einem herrlichen Park mit alten Bäumen.

Reiten
AHM, Associação Hípica da Madeira: Quinta Vale Pires, Caminho dos Pretos, São Gonçalo, Tel. 291 79 25 82, 29 17 92 10.
Im **Hotel Estrelícia,** Tel. 291 70 66 00, kann man Fahrten zum Reitclub **Clube de Hipismo** buchen.

Trekking, Jeep Safari, Bikes, Canyoning
MAPA Madeira, Montanhismo, Animação e Práctica de Aventuras: Caminho de Santo António 237 A, Tel. 291 75 70 63, Fax 291 75 70 65.

Wandern
Geführte Levada-Wanderungen und Exkursionen bieten verschiedene örtliche Agenturen an, z.B. **Lido Tours** im Shopping Center Monumental Lido, Tel. 291 76 24 29, Fax 291 76 21 71, www.lido-tours.com.

Hubschrauberflüge
über Funchal und nach Ribeira Brava (ca. 50 € Rundflug über Funchal, Curral das Freiras ca. 62 €, Ost- oder Westteil der Insel ca. 110 €, Inselrundflug ca. 150 € pro Pers.) z. B. bei **Portitours,** Avenida Arriaga 34, 4. Etage, Tel. 291 22 47 29, 291 22 04 66 und über die Zeitschrift Madeira Life, s.o.

Kurze Ausflüge kann man von Funchal aus z. B. nach **Monte** (s. S. 58), **Camacha** (s. S. 30), **Curral das Freiras** (s. S. 38) und **Câmara de Lobos** (s. S. 31) unternehmen.

Avenida Arriaga 18, Tel. 291 21 19 00, Fax 291 23 21 51, Mo–Fr 9–20, So und feiertags 9–13 Uhr.

Pension Vila Camacho: Beco da Amoreira 26, Tel. 291 76 54 59, Fax 291 76 47 25, günstig.
30 Zimmer. Sehr komfortable Pension mit kleinem, unbeheiztem Pool und Garten.
Pension Vila Terezinha: Rua das Cruzes 21, Tel. 291 74 17 23, Fax 291 74 45 15, günstig.
Elf Zimmer, etwas oberhalb des Stadtzentrums. Einfach, aber geschmackvoll eingerichtet, mit kleiner Sonnenterrasse. Früh reservieren!
Estrelícia: Caminho Velho da Ajuda, Tel. 291 76 51 31, Fax 291 76 10 44, moderat.
148 Zimmer, angenehmer Komfort, mit beheiztem Pool, Solarium, Sauna, Tennis, Fitnessraum.
Residência Vila Vicencia: Rua Caminho Velho da Ajuda, Tel. 291 77 15 27, moderat.
Pestana Carlton Palms: Rua do Gorgulho (gegenüber vom Lido-

Orte von A bis Z **Funchal**

Schwimmbad), Tel. 291 76 61 00, Fax 291 76 62 47, www.pestana.com, teuer/Luxus.
186 Zimmer und Apartments. Sehr ruhig und direkt am Meer gelegen. Die Zimmer liegen in einem Rundbau auf der Uferklippe. Im Panorama-Restaurant frühstückt man mit Blick auf die Wellen. Gute Bademöglichkeiten, Tauchclub Tubarão Madeira.

Cliff Bay: Estrada Monumental 147, Tel. 291 707 07 07, Fax 291 76 25 25, www.cliffbay.com, Luxus.
Das Hotel bietet 201 luxuriöse Zimmer und Suiten – direkt am Meer mit Swimmingpools (Innen- und Außenbecken) und gesichertem Meereszugang. Tauchbasis, umfassendes Sport- und Wellnessangebot. Behindertengerecht. Das zum Hotel gehörende Restaurant Gallo d'Oro bietet exzellente italienische Küche (s. S. 52).

Pestana Carlton Park: gehört zum Casino, Rua Imperatriz Dona Amélia, Tel. 291 20 91 00, www.pestana.com, Luxus.
373 elegante Zimmer, Restaurant, Pools etc. Und: für Körperbehinderte geeignet.

Reid's Palace Hotel: Estrada Monumental, Tel. 291 71 71 71, Fax 291 71 71 77, www.reidspalace.com, Luxus.
Eine Hotellegende – heute im Besitz der Orient-Express-Hotelgruppe – und ein veritabler Palast in einem riesigen Paradiesgarten. 168 Zimmer und Suiten, großes Fitness- und Sportangebot. Beauty-Salon, Health-Club, Sauna, Massagen, Wassersportaktivitäten mit ausgebildetem Personal. Zwei beheizte Meeresschwimmbäder, zwei Tennisplätze. Berühmt sind der ›Tea-Room‹ und die ›Tea-Terrasse‹ – beides ist auch Nicht-Gästen zugänglich (20 €, Reservierung). Exzellent ist auch das im Garten gelegene Restaurant Brisa do Mar.

Wohnen in Quintas
Residencial Vila Cantaeira do Monte: Caminho do Monte 154, Monte/Funchal, Tel. 291 78 02 00, Fax 291 78 02 08, www.vilacantareiradomonte.com, moderat.
Hübsches, gemütliches Landhaus in spektakulärer Lage über Funchal, 5 Min. von der Seilbahnstation entfernt. Schöner Garten, viel Ruhe, Terrasse.

Quinta da Fonte: Estrada dos Marmeleiros 89, Tel./Fax 291 23 53 97, moderat.
Villa aus dem 19. Jh. – charmantes Gebäude, fünf stilvoll eingerichtete Zimmer, gediegenes Ambiente und großer Garten.

Casa do Caseiro: Caminho do Monte 62, Tel. 29 14 90 25, Fax 291 22 71 13, moderat/teuer.
Sieben Zimmer, große Terrasse und kleiner Pool. 2,5 km oberhalb von Funchal nahe Monte hat man von diesem stilvollen Landsitz einen herrlichen Panoramablick über Funchal.

Bio-Logos: Rua Nova de São Pedro 34, Tel. 291 23 68 68, Fax 291 22 41 26, günstig.
Vegetarische Küche, Mittagessen von 12 bis 15 Uhr, Snacks gibt es Mo–Fr 9–19 Uhr. Laden: Mo–Fr 9–20, Sa 9–14 Uhr.

Café do Teatro: Avenida Arriaga, Tel. 291 23 64 00, durchgehend bis Mitternacht und später geöffnet, günstig.
Elegante Bar und beliebtes Straßencafé. Großzügige Snacks. Freundliche Atmosphäre, Künstlertreff. Kleine Gerichte (Suppe, Sandwiches).

Combatentes: Rua São Francisco 1, Tel. 291 22 13 88, günstig.

Funchal

Traditionelles Restaurant am Stadtgarten, beliebt bei den Einheimischen.
Grand Café Golden Gate: Avenida Arriaga 29, Tel. 291 23 45 67, Mo–So 7–23 Uhr, günstig.
Hübsches ›altes‹ Café, in dem sich früher die Literaten und Dichter von Funchal trafen. In der ersten Etage Kaffeehausatmosphäre, im Erdgeschoss Restaurant (häufig Live-Musik).
Jacquet: Rua de Santa María 5a, Tel. 291 22 53 44, ab 11 Uhr, So geschl., günstig.
Die Einrichtung ist zwar schlicht, nicht aber das Essen: köstliche Meeresfrüchte und Fische! Absolut untouristisches Ambiente.
Jasmin Tea House: Quinta Ribeira, Caminho dos Pretos 40, São Gonçalo, Tel. 291 79 27 96, www.jasminteahouse.co.uk., günstig.
Idyllisch in den Bergen oberhalb Funchals gelegen, kann man hier in aller Ruhe Tee trinken und köstliche Scones, Sandwiches und Salate essen.
O Almirante: Largo do Poço 1–2, Tel. 291 22 42 52, günstig.
Preiswerte, leckere Fischsuppe in der Nähe des Markts.
Casa Velha: Rua Imperatriz Dona Amélia 69, Tel. 291 20 56 00, tgl. 12–15, 19–23 Uhr, Bar bis 2 Uhr, teuer.
Elegantes Spitzenrestaurant in einem liebevoll restaurierten Stadthaus. Erlesene Weinkarte.
Celeiro: Rua das Aranhas 22, Tel. 291 23 06 22, Mo–Sa 12–15, 18–24 Uhr, teuer.
Das Restaurant bietet Madeirenser Spezialitäten, dazu eine hervorragende Weinauswahl.
Gallo d'Oro: Restaurant des Hotels Cliff Bay (s. S. 51), Estrada Monumental 147, Tel. 29 17 00 71 00, teuer.
Hervorragendes italienisches Restaurant mit herrlicher Terrasse und Meerblick. Das Tagesmenü ist recht preiswert.
Quinta Palmera: Avenida do Infante 17/19, Tel. 291 22 18 14.
Sehr schöne Quinta mit edlem Restaurant (teuer). Man kann aber auch im Espaço Café den Blick aufs Meer und regionale und italienische Gerichte genießen (günstig). Im Untergeschoss befindet sich eine sehr interessant gestaltete Kunstgalerie (auch Verkauf).

Internet-Cafés
Cremesoda.com, Internet Cyber Club: Rua dos Ferreiros 9, Tel. 291 22 49 20, Fax 291 22 26 67, www.cremesoda.com.
Internet-Zugang, E-Mail, Drucken, CD-Brennen, Kaffee, Erfrischungen und Säfte.
Surfen kann man auch im **WWW.Cyber Café** an der Avenida do Infante (Nähe Praça do Infante) sowie im **Shopping Center,** 2. Etage, Laden 23.

Souvenirs
Casa do Turista: Rua do Conselheiro José Silvestre Ribeiro (unterhalb des Stadttheaters an der Avenida do Mar).
Die Adresse für qualitativ gute Souvenirs: Töpfer- und Glaswaren, Porzellan, Stickereien etc.
Rund um die **Igreja de São Pedro** findet man in den Antiquitätengeschäften u. a. alte *azulejos*.
Stickerei
Patrício & Gouveia Sucessors: Rua do Visconde de Anadia 33.
Man kann die einzelnen Arbeitsschritte verfolgen und sehr schöne Stickereien kaufen.
Maria L. Kiekeben: Rua da Carreira 194.
Traditionsreiches Geschäft für Gobelin-Stickerei.
Wein
Diogos: Avenida Arriaga 48,

Orte von A bis Z **Funchal**

durchgehend geöffnet.
Der Wein wird reisefertig verpackt und ins Hotel geliefert.
D'Oliveiras:
Rua dos Ferreiros 107.
Traditionsreiche Weinhandlung.
Henriques & Henriques:
Rua dos Ferreiros 125.
Ebenfalls traditionsreicher Handel mit schönem Innenhof.
Blumen
Im **Mercado dos Lavradores** und bei **A. Rosa,** Rua Imperatriz Dona Amélia 126, kann man sich die Blumen reisefertig verpacken lassen.
Bücher
Livraría Esperança:
Rua dos Ferreiros 119.
Große Auswahl an englisch- und deutschsprachigen Büchern.
Lederwaren
Pele: Rua das Murcas 26.
Taschen, Gürtel, Jacken etc. aus bestem Leder – in Portugal sind Ledersachen erheblich preiswerter als in Deutschland.
Gonçalves & Silva: Rua do Portão de São Tiago 22, Zona Velha.
Manufaktur für die typischen Madeira-Stiefel.
Mode
Fátima Lopes & Zekita Design:
Rua do Surdo 34,
Tel. 291 22 14 76.
Originelle, aber durchaus tragbare Stücke, auch Auftragsarbeiten und einige ausgefallene Schuhe. Kreative Öffnungszeiten.
Zara: Rua do Aljube 21.
Preiswerte, originelle Mode. Auf die Verarbeitung achten! Gute Schnäppchen bei den Schlussverkäufen möglich.

Zwar ist Funchal nicht gerade für sein ausschweifendes **Nachtleben** berühmt, doch man muss am Abend auch nicht Däumchen drehen. Die intellektuelle und künstlerische Szene trifft sich abends gern im Café do Teatro (s. Restaurants), in den Bars an der Marina ist auch meistens etwas los, und in den Straßen Rua Imperatriz Dona Amélia und in der Rua da Carreira liegen einige Bars

Café do Teatro: Hier treffen sich die Künstler

Machico

Orte von A bis Z

und Diskotheken. Die großen Hotels bieten außerdem Fado-Abende und Shows an, und die meisten haben auch Diskotheken. Einen guten Ruf haben die Nightclubs und Shows der Hotels Savoy und Pestana Carlton Park (Sunset Club und Diskothek ›Baccara‹), und gute Diskotheken findet man im Pestana Carlton Madeira (»O Farol«) und Madeira Palácio.

Casino da Madeira: Avenida do Infante, Tel. 291 20 91 80, www.casino-da-madeira.com, Spielsäle tgl. 20–3 Uhr (Personalausweis oder Pass); Automaten-Glücksspiele Mo–Do 20–3, Fr 20–4, Sa 18–4, So 18–3 Uhr.

Im Erdgeschoss unzählige Automaten, in der ersten Etage Roulette etc. Hemdsärmelig kommt niemand hinein: Krawatte und Jackett! Im Untergeschoss befindet sich die beliebte **Diskothek Copacabana** (keine Bekleidungsvorschriften).

Diskothek As Vespas: Avenida Francisco Sá Carneiro 7, tgl. ab 23 Uhr.

Die populärste Disko Madeiras – ab Mitternacht geht es richtig los.

Jet-Set: Rua da Alfândega 27, tgl. ab 21 Uhr.

Der Name ist keinesfalls Programm, denn Jetset-Menschen werden hier nicht gesichtet. Dafür gibt es ein multimediales Tanzspektakel.

Nachtlokale und Bars:

Berilights: Estrada Monumental (am Lido), tgl. ab 10 Uhr bis …
Leckere Longdrinks und Fiesta-Atmosphäre. Auch tagsüber ein nettes Plätzchen.

Manny's Bar: Quinta Palmeira, Avenida do Infante 5, Tel. 291 22 18 14, tgl. 21–2 Uhr.
Elegantes Nachtleben in Jugendstil-Dekor – sollte man nicht verpassen.

Marcelino Pão e Vinho: Travessa das Torres 22, Zona Velha, Tel. 291 22 02 16, tgl. 22–4 Uhr.
In der ›Brot-und-Wein-Bar‹ gibt es außer Wein eine lockere Atmosphäre und Fado live vom Wirt (wenn er Lust hat).

Fadolokale

Casa de Fado Marcelino: Travessa da Torre 22 A, Tel. 291 23 08 34, tgl. 22.30–4 Uhr.

O Pitéu: Rua da Carreira 182 A, Tel. 291 22 08 19, Di, Fr, Sa.

Tropical: Estrada Monumental 306, 4. Etage, Tel. 291 70 08 40, tgl. 9–23 Uhr.
Gute Küche, abends häufig Fado.

Im **Teatro Municipal,** Avenida Arriaga, und in der **Casa da Luz,** Avenida do Mar, finden häufig Konzerte statt – auf Plakate und Ankündigungen achten.

Weitere Informationen zu Festen, Feiertagen und Veranstaltungen finden Sie auf S. 14/15.

 s. S. 23/24.

Machico

Lage: K 5
24 km nordöstlich von Funchal
Einwohner: 12 000

Das Städtchen in der weiten Bucht an der Südostküste rühmt sich, historisch ebenso bedeutsam zu sein wie Funchal. Tatsächlich ist Machico die zweitgrößte Stadt auf Madeira, doch im Gegensatz zu Funchal lag es in einem jahrhundertelangen Dornröschenschlaf. Dabei waren die portugiesischen Entdecker 1419 auf Madeira zu allererst am Strand von Machico

Orte von A bis Z   **Machico**

an Land gegangen. Die Legende erzählt, Zarco und Tristão Vaz Teixeira hätten die Gräber des berühmten Liebespaares Machim und Anne Dorset gefunden, die angeblich Mitte des 14. Jh. schon auf Madeira gestrandet waren. Für sie errichtete man die Christus-Kapelle, im Volksmund Capela do Cristo bzw. Capela do Senhor dos Milagros genannt. 1803 riss eine Hochwasserkatastrophe die Kapelle des Wundertätigen Christus mit sich – auch die Christusfigur aus Holz wurde aufs Meer hinaus geschwemmt. Dort fand sie ein amerikanischer Matrose und brachte sie nach Funchal. In einer feierlichen Prozession schleppte man den Christus – der seine wundersamen Fähigkeiten durch seine Rettung bewiesen hatte – zurück nach Machico und gab ihm in der neu errichteten Kirche einen Ehrenplatz über dem Altar.

Banda d'Além: Fischerboote liegen am steinigen Strand, und mit Blick auf die Bucht lässt es sich gemütlich flanieren, vorbei an hübschen Cafés und Geschäften. Werfen Sie einen Blick auf die Gestelle, auf denen die Fischer im Sommer den *gaiado*, eine Thunfischart, trocknen.

Forte de São João Batista: Leider ist der Festungsbau von innen nicht zu besichtigen.

Capela do Senhor dos Milagros: Largo dos Milagros. Ein romantischer Platz mit der berühmten Kapelle (1815). Die Christusfigur ist über dem Altar angebracht, links davon kann man auf einem Kachelgemälde den Hergang der wundersamen Rettung verfolgen. Auf dem rechten Kachelbild bekommt man einen Eindruck davon, wie die Bucht von Machico vor knapp 200 Jahren ausgesehen hat.

Machico

Orte von A bis Z

Lust auf Ausruhen: im Café des Mercado Velho von Machico

Largo do Município: Der Rathausplatz ist das Herz der Altstadt. Eine Statue erinnert an Tristão Vaz Teixeira, der in Machico eine Miniaturkopie des portugiesischen Hoflebens führte, mit Prunk und Pomp, Hofkonzerten und ritterlichen Turnieren. Das Rathaus wurde erst zu Beginn des 20. Jh. gebaut und ist gleich mit zwei Wappen ausgestattet: Das eine zeigt eine Armillarsphäre (im Zeitalter der portugiesischen Entdeckungen Symbol des Königshauses), das andere Zuckerrohrpflanzen, die begossen werden; der portugiesische Diktator Salazar verlieh es der Stadt 1947.

Igreja de Nossa Senhora da Conceição: Largo do Município. Um 1500 wurde mit dem Bau dieser Kirche begonnen. Das schöne gotische Portal zieren interessante manuelinische Arbeiten: Das Böse personifiziert sich in den gemeißelten Fratzen auf der linken Seite, das Gute war auf der rechten Seite dargestellt, es ist jedoch im Laufe der Jahrhunderte zerbröselt ... Die Säulen am Zwillingsportal wurden der Gemeinde von König Manuel I. geschenkt und gehören, wie die beiden Seitenkapellen im Innern, zur ursprünglichen Form der Kirche. Die Kapelle zur Linken zeigt das Wappen der Familie Vaz Teixeira, die hier begraben ist. Im 17. Jh. schmückte man den Innenraum mit wertvollen, blattgoldbelegten Holzschnitzereien *(talha dourada)* aus.

Capela de São Roque: Am Ende der Bucht unterhalb des Hotels Dom Pedro. Leider ist die Rochus-Kapelle meist verschlossen, doch vielleicht haben Sie Glück und können die kostbaren Kachelbilder betrachten, die Szenen aus dem Leben des hl. Rochus (Schutzpatron gegen die Pest) darstellen. Die Kapelle ließ der Sohn von Vaz Teixeira im Jahr 1489 errichten, als Machico gerade eine Pestepidemie überstanden hatte.

Tauchen
Dive College International: im Hotel Dom Pedro Baía, Tel./Fax 291 96 61 80.

Orte von A bis Z # Madalena do Mar

Ins ehemalige Walfängerdorf **Caniçal** (s. S. 33) und auf die Ponta de São Lourenço (s. S. 34) ist es nur ein Katzensprung. Vom **Pico do Facho** (s. S. 92) sieht man mit etwas Glück bis Porto Santo.
Kontrastprogramm: Wer Berglandschaften lieber mag – und die sind um das Tal von Machico herum sehr eindrucksvoll – fährt über den **Portela-Pass** nach **Porto da Cruz** (s. S. 65, 66).
Oder Sie fahren ins nahe gelegene **Santo da Serra** (s. S. 78), um Höhenluft zu schnuppern oder Golf zu spielen.

Forte de Nossa Senhora do Amparo:
Tel. 291 96 22 89,
Mo–Fr 9–12.30, 14–17,
Mi 9.30–12.30, 14–17,
Sa 9–12.30 Uhr.

Pensão Machico:
Praça de 25 de Abril,
Tel. 291 96 35 11, günstig.
Sechs freundliche, saubere Pensionszimmer.
Dom Pedro Baía: Estrada de São Roque, Tel. 291 96 57 51, Fax 291 96 68 89, teuer.
218 Zimmer. Gut ausgestattetes Hotel mit Meereszugang, großer Poolanlage, Garten und Restaurants. Komfortabel und mit einem schönen Blick über die Bucht.

 Mercado Velho: Praça Mercado Velho, tgl. 10–24 Uhr, günstig.
Am ehemaligen Marktgebäude liegt diese beliebte Caféterrasse; hier lässt es sich bei Snacks und kleinen Gerichten hervorragend ausruhen.
Marisqueira de Machico:
Praça Gil, Tel. 291 96 27 92, 10–24 Uhr, Di geschl., moderat.

Der Name verrät es: Auf der Speisekarte stehen vor allem Meeresfrüchte.
El Padrino: Serra Água,
Tel. 291 96 24 33, moderat/teuer.
Feines Fischlokal mit exzellenter Küche.
Internet-Café Molha-o-bico,
Praçeta 25 de abril.

Casa das Bordadeiras de Machico: Sítio da Pontinha (Ausfallstraße nach Caniçal), Tel. 291 96 66 55.
Hier kann man kaufen, was die Stickerinnen aus Machico ebenso mühe- wie kunstvoll herstellen.

Diskothek La Barca:
Praçeta de 25 de Abril,
Tel. 291 96 53 30, 23–4 Uhr.

 Juli: Am letzten Julisonntag Fackelzug zur Kirche Nossa Senhora da Conceição, zur Erinnerung an die Piratenüberfälle.
August: Gastronomische Woche.
8./9. Oktober: Nächtliche Pilgerprozession zur Capela do Senhor dos Milagros.

Taxi: Tel. 291 96 24 80, 291 96 21 38 für die Innenstadt, Tel. 291 96 22 20 an der Post.
Bus: Linien 20, 23, 53, 78, 113, 156 von und nach Funchal, etwa stündlich.

Madalena do Mar

Lage: C 6
42 km westlich von Funchal
Einwohner: 1000

Das lang gestreckte Fischerdörfchen wird nur von einer Betonmauer vor den mächtigen Atlantikwellen geschützt. Noch bis in

Monte

die 60er Jahre des 20. Jh. war Madalena do Mar von Funchal ausschließlich per Boot zu erreichen, auch die Bananenernte wurde übers Meer in die Hauptstadt gebracht. Der Madalena-Fluss und die See haben das Dorf in den letzten Jahrhunderten immer wieder überschwemmt und teilweise zerstört – noch 1939 riss eine weitere Flutkatastrophe 40 Häuser aus dem Ortskern mit sich.

Begründet wurde Madalena do Mar angeblich von König Ladislaus III., einem polnischen König, der seit der Schlacht von Varna 1444 als tot bzw. verschollen galt. Die Legende erzählt, jener Ladislaus habe sich Henrique Alemão, also ›Heinrich der Deutsche‹ genannt und beste Beziehungen zum portugiesischen Königshaus gehabt. Henrique wurde in der kleinen, heute jedoch zerstörten Kirche von Madalena do Mar begraben. Ein weiteres ›Dokument‹ seiner Existenz könnte das Gemälde eines flämischen Meisters sein – womöglich sind es Heinrich der Deutsche und seine Frau, die dem Maler für das Bild ›Treffen der hl. Anna mit dem hl. Joachim‹ Modell gestanden haben (im Museu de Arte Sacra in Funchal, s. S. 48).

Ein **Adelswappen** prangt auf einem der Häuser unterhalb der Kirche – hier soll der geheimnisvolle ›Deutsche‹ gelebt haben.

8. September: Dorffest, wie im Nachbarort Punta do Sol.

Taxi: Tel. 29 19 79 21 10.
Bus: Linien 4 und 107 von und nach Funchal, ca. 2 Std. Fahrzeit.

Monte

Lage: G/H 6
6,5 km nördlich von Funchal
Extra-Tour 1: s. S. 85
Einwohner: 8000

Monte gehört wegen seiner Gärten, der Wallfahrtskirche und der skurrilen Korbschlitten zum obligatorischen Besuchsprogramm. Der letzte Kaiser von Österreich, Karl I., lebte hier nach dem Ersten Weltkrieg in der Verbannung (in der Quinta Gordon) und wurde auch in Monte begraben. Damals fuhr man mit einer Zahnradbahn von Funchal hinauf nach Monte und bis Terreiro da Luta, doch seit einem schweren Unglück in den 30er Jahren des 20. Jh. wurde der Betrieb eingestellt. Das ehemalige Bahnhofsgebäude steht am Platz Largo da Fonte.

Für die Einheimischen hat die Kirche Nossa Senhora do Monte eine besonders große Bedeutung, denn die heilige Jungfrau vom Berg ist die hoch verehrte Schutzpatronin von Madeira.

Largo do Monte/da Fonte: Ein kleiner weißer Marmorpavillon mit einem Quellbrunnen ist der heiligen Jungfrau gewidmet und stets mit Blumen und brennenden Kerzen geschmückt. Der liebevoll angelegte Garten etwas unterhalb des Platzes ist einen Besuch wert: Zwischen den Arkaden der alten Eisenbahnbrücke wachsen Farne, Lilien und Hortensien. Vom Largo da Fonte führt ein steiler Pfad zur Wallfahrtskirche.

Igreja de Nossa Senhora do Monte: tgl. 9.30–13, 15–18 Uhr. Das Herz der Kirche ist das Bild der Jungfrau, eine kleine Holzstatue in einem Silberschrein, um deren Ur-

Orte von A bis Z

Monte

sprung sich zahlreiche Legenden ranken. Angeblich fand der Vater eines Hirtenmädchens, dem in Terreiro da Luta die Jungfrau erschienen war, statt einer Erscheinung die hölzerne Statue vor, und die Gläubigen sind davon überzeugt, dass sie Wunder vollbringen kann. 1803 etwa regnete es so heftig, dass die Flüsse in Funchal über die Ufer traten und schwere Verwüstungen anrichteten; man flehte die Senhora do Monte um Hilfe an, und der Regen hörte auf. An jedem 15. August wird die Marienstatue in einer feierlichen Prozession durch Monte getragen (s. S. 60). Ursprünglich stand an diesem Ort eine kleine Marienkapelle, erst 1818 wurde der jetzige Bau eingeweiht. Kaiser Karl I. von Österreich ist in einer Seitenkapelle begraben; der glücklose Kaiser wurde 1918 verbannt und ging mit seiner portugiesischstämmigen Frau 1921 nach Madeira, wo er jedoch schon 1922 an einer Lungenentzündung starb.

Jardim do Monte/Monte Palace Tropical Garden: Caminho do Monte 174, Mo–Fr 9–17 Uhr, Eintritt 7,50 €.

Bis zum Zweiten Weltkrieg war das Hotel Monte Palace die beste Adresse im Villenort Monte. Der schöne alte Park des Monte Palace ist wahrhaftig eine Attraktion. Ein als Goldschürfer in Südafrika reich gewordener Madeirenser kaufte in den 80er Jahren des 20. Jh. das Grundstück mit der Villa. Beides ließ er renovieren und ausbauen. Aus Südafrika brachte er eine umfassende Sammlung von Palmfarnen mit, legte einen Japanischen und einen Orientalischen Garten an und schmückte sie mit Kuriositäten aus aller Welt (darunter auch sehr alte *azulejos*). Eine besondere Attraktion sind die stei-

Eine Mordsgaudi: Mit dem Korbschlitten geht's abwärts gen Funchal

nerne Meerjungfrau und das Cleopatra-Gefäß, das sogar im Guinessbuch der Rekorde verzeichnet ist: Mit 5,34 m Höhe und 550 kg Gewicht ist es die größte jemals auf einer Töpferscheibe gedrehte Vase der Welt. Ein hübsches Café lädt zur Rast ein, und an der Kasse bekommt man einen Miniführer auf Deutsch.

Korbschlittenfahren: von Monte nach Livramento (10 Min.) und Funchal (20 Min.). Die ›Station‹ liegt zu Füßen der Kirche, unterhalb der Aussichtsterrasse. Preis: 9 bzw. 13 € plus Trinkgeld und Kauf eines Polaroidfotos, das die Schlittenfahrer von den Passagieren machen.

Eine ernsthafte Konkurrenz zum Korbschlitten ist die **Seilbahn (Teleférico)** nach Funchal, mit atemberaubendem Panoramablick (s. S. 44).

Wandern: Die *Levada dos Tornos* beginnt bei Monte und führt u. a. durch Obstgärten in die Gegend von Santo da Serra. Wanderstiefel und eine Taschenlampe sind not-

Paúl da Serra

Orte von A bis Z

wendig, da die Levada einige Tunnel durchquert. Gesamtdauer: 5–6 Std., doch man kann jederzeit auf den Straßen 201 und 202 zurückkehren.

Terreiro da Luta: 300 m oberhalb von Monte. Seit der Besiedlung von Madeira galt Terreiro da Luta als magischer Ort, an dem es auch Marienerscheinungen gegeben haben soll. Den Namen ›Kampfplatz‹ soll der Ort angeblich im 16. Jh. bekommen haben, als sich ein entlaufener Sklave als Teufel verkleidete und mutig gegen seine Verfolger kämpfte, die ihn jedoch besiegten. Hier errichtete man zum Gedenken an den Ersten Weltkrieg (Funchal wurde von einem deutschen U-Boot beschossen und im Hafen das französische Kriegsschiff ›La Surprise‹ versenkt), eine über 5 m hohe Mariensäule für ›Nossa Senhora da Paz‹. Der um den Sockel gewickelte ›Rosenkranz‹ der Jungfrau besteht aus großen runden Flusssteinen, die mit den Gliedern der Ankerkette des Schiffes ›La Surprise‹ verbunden sind – 300 Männer schleppten ihn den Berg hinauf.
Bus: Linie 103 von und nach Funchal, 4 x tgl., Fahrzeit etwa 30 Min.

s. Funchal, S. 51: **Casa do Caseiro** und **Residencial Vila Cantaeira do Monte.**

Im **Café do Parque** am Largo da Fonte gibt es Snacks und regionale Küche (günstig).

Bei den Souvenirhändlern am Largo da Fonte kann man **Spitzenarbeiten,** traditionelle **Stiefel** und **Wollpullover** kaufen.

14./15. August: Fest der Nossa Senhora do Monte. Der Jahreshöhepunkt für die Katholiken auf Madeira: Schon am Abend des 14. Aug. beginnt die größte Wallfahrt der Insel – die Pilger erklimmen die zahlreichen Stufen zur Kirche auf Knien. Am 15. Aug. feierliche Prozession, Feuerwerk und Musikkapellen.

Taxi: Tel. 291 78 21 58, am Largo da Fonte.
Bus: Linien 20, 21 von Avenida do Mar alle 30 Min. von und nach Funchal.

Paúl da Serra

Lage: C–E 4/5
60 km nordwestlich von Funchal

Das Hochplateau im Westen der Insel stellt ein Kontrastprogramm zum ›Blumengarten‹ Madeira dar: Der ›Gebirgssumpf‹ (so die wörtliche Übersetzung) auf 1300 m Höhe ist für die Wasserversorgung der Insel von grundlegender Bedeutung. Hier oben grasen Kühe und Schafe, ab und zu sieht man einen einsamen Schäfer oder ein einsames Gehöft. Im Sommer trifft man auf Einheimische und Besucher, die zwischen Heidekraut und Gräsern unter dem weiten Himmel der Ebene zelten (**Achtung:** plötzlicher, starker Wind, häufig Nebel, im Winter mitunter Schnee!).

Niedrige Gewächse und dichtes Buschwerk bestimmen das Pflanzenbild – die Baumheide allerdings kann mit ihrem dicken Stamm majestätische Ausmaße annehmen. Früher, als man auf Madeira noch Kohle herstellte, war das Heidenholz sehr begehrt. Manchmal findet man hier noch

Orte von A bis Z **Pico do Arieiro**

Wurzeln der Madeira-Zeder, ein hoch wachsendes Wacholdergewächs, dessen insektenresistentes und aromatisch duftendes Holz oft verarbeitet wurde, z. B. auch für Decke und Dachstuhl der Kathedrale und im alten Zollgebäude von Funchal.

Wenn Sie über Ribeira Brava/Ponta do Sol/Canhas auf die Hochebene fahren, sehen Sie kurz vorher linker Hand die Christusstatue Senhor da Montanha.

Wandern:
Rabaçal (s. Extra-Tour 4, S. 90): Der kleine Flecken ist Ausgangspunkt für Wanderungen entlang der *Levada do Risco* und der *Levada das 25 Fontes.*
In Rabaçal können Sie in den staatlichen Schutzhütten *(Casas de Abrigo)* übernachten, wenn Sie sich bei der **Região Autónoma da Madeira** anmelden (Adresse s. u.).

Auf der Hochebene kann man zelten oder im staatlichen Forsthaus **Bica da Cana** übernachten.
Nur im Voraus zu buchen bei:
Região Autónoma da Madeira:
Governo Regional, Quinta Vigía,
Avenida do Infante, Funchal,
Tel. 291 23 02 00,
Fax 291 23 18 68,
Mo–Fr 9–20, Sa 9–18 Uhr.

Ende Juni: *Festa das Tosquias.* Wenn die Schafe zusammengetrieben und geschoren werden, ist Schafschurfest.

Pico do Arieiro

Lage: G 5
23 km nördlich von Funchal

Von Funchal aus fährt man mit dem Auto knapp 1 Std., um den dritthöchsten Berg auf Madeira (1818 m) zu erreichen – wenn die Bergwelt nicht gerade im Nebel versinkt. Die Strecke führt über den Poiso-Pass, von wo aus Stichstraßen zu verschiedenen Aussichtspunkten und eine gut ausgebaute Straße zum Pico de Arieiro führen. Im Restaurant ›Casa de Abrigo do Poiso‹ kann man sich mit den köstlichen *bolos de caco* (warmes Süßkartoffelbrot mit Knoblauchbutter) stärken und mit Blick aufs Kaminfeuer eine hervorragende Tomatensuppe genießen.

Die höchsten Berge im Herzen von Madeira präsentieren sich mit steilen Felszacken, turmartigen Gipfelfelsen und bizarren Kämmen. Naturliebhaber werden sich an den spektakulären Sonnenaufgängen und -untergängen ergötzen, die die Vulkanfelsen in goldenes, rotes oder bräunliches Licht tauchen.

Der erste Aussichtspunkt ist gefahrlos zu erreichen und bietet Einblicke in unendlich tief erscheinende Schluchten. Hinter diesem *miradouro* geht der Pfad weiter und führt an der Cidrão-Schlucht vorbei, um dann an einem weiteren Aussichtspunkt zu münden – man sollte hier aber nur entlanglaufen, wenn man schwindelfrei ist, auch wenn der Pfad mit einem Geländer bzw. einem Drahtseil abgesichert ist.

Wandern:
Vom Pico do Arieiro kann man eine etwa dreistündige Wanderung zum Pico Ruivo (s. S. 62) unternehmen. Hierfür sollte man jedoch schwindelfrei, geübt und fit sein, gute Wanderschuhe, Pullover und eine Taschenlampe zur Hand haben (es werden zwei Tun-

Pico Ruivo

Orte von A bis Z

nels passiert). Am besten schließt man sich einem Bergführer oder einer Gruppe an, da das Wetter rasch umschlagen kann.

 Pousada Pico do Arieiro: Tel. 291 23 01 10, Fax 291 22 86 11, www.dorisol.pt, günstig/moderat. 21 komfortable Zimmer, im Sommer besonders an Wochenenden schnell ausgebucht, daher unbedingt telefonisch reservieren.
Casa do Abrigo do Poiso: am Poiso-Pass, Tel. 291 22 77 85, moderat.
Drei Gästezimmer stehen zur Verfügung, garantiert ruhig.

 Restaurant der Pousada: Pico do Arieiro, Tel. 291 23 01 10, warme Küche bis 22 Uhr, günstig. Spezialität: Poncha.
Restaurante Casa de Abrigo do Poiso: Poiso-Pass, Tel. 291 78 22 69, Mo–So 8–24 Uhr, günstig/moderat.

 Achtung: Der Poiso-Pass gehört zum Nationalpark Montado do Barreiro, weshalb die Straße nur zwischen 8 und 19 Uhr befahren werden darf.

Pico Ruivo

Lage: G 4
45 km nördlich von Funchal

Der Pico Ruivo ist mit 1862 m der höchste Gipfel auf Madeira. Zu Fuß erreicht man ihn am besten über den Pico do Arieiro oder über Santana und Achada do Teixeira; von dort aus führt eine knapp einstündige Wanderung auf den Gipfel. Viele Agenturen in Funchal bieten eine kombinierte Gipfelwanderung mit Bergführer an.

Pico de Arieiro: Hier oben hat man alles im Blick

Orte von A bis Z

Ponta Delgada

Lage: F 3
60 km nördlich von Funchal,
27 km westlich von Santana
Einwohner: 1500

Vor allem ist das Dörfchen an der wildromantischen Nordküste ein Wallfahrtsort. Schon um 1647 zog es so viele Pilger zum wundertätigen ›Senhor Bom Jesús‹, dass eine reiche Einwohnerin eine Pilgerherberge stiftete, damit die Gläubigen nicht alle in der kleinen Kirche nächtigen mussten. Das Holzkreuz des ›Guten Herrn Jesus‹ wurde der Legende zufolge im 15. Jh. an die Küste geschwemmt, man bewahrte es in einer eigens zu diesem Zweck gebauten Kapelle auf, die jedoch 1908 abbrannte. Ein Stückchen von dem verkohlten Kreuz gilt auch in der anschließend gebauten Kirche als verehrte Reliquie. Zum Wiederaufbau der Kirche trug der amerikanische Millionär Eugene Higgins mit 200 000 Réis bei, weil seine Vergnügungsjacht ›Varuna‹ im Nebel an der Nordküste Schiffbruch erlitten hatte und die Überlebenden u. a. von Seeleuten aus Ponta Delgada gerettet wurden.

Igreja do Senhor Bom Jesús. Die Kirche beherbergt das Fragment des wundertätigen Holzkreuzes.

Meerwasserschwimmbecken: Hier lässt es sich bei ruhiger See nett plantschen.

Estalagem Corte do Norte:
Sítio do Lugar,
Tel. 291 86 20 70, 291 86 20 71,
Fax 291 86 20 72,
moderat.

Ponta do Pargo

Elf Zimmer im Landsitz, umgeben von Grün.

Nortiflor: Lameiros,
Tel. 291 86 38 82,
Fax 291 86 38 82.
Blumen, Kunsthandwerk und die Snackbar As Pedras.

Erster Sonntag im September: Wallfahrt und Fest des Senhor Bom Jesús. Das ganze Dorf wird mit Lorbeerbögen und bunten Blumengirlanden festlich geschmückt.

Bus: Linie 6 von und nach Funchal, 3 x tgl.

Ponta do Pargo

Lage: A 3
78 km westlich von Funchal
Extra-Tour 3: s. S. 89
Einwohner: 1300

Das winzige Dorf thront auf der äußersten, windumbrausten Westspitze von Madeira, seine größte Attraktion ist der Leuchtturm *(farol)* auf dem Kap. Auf den Wiesen und Feldern rundherum weiden Kühe, die aufgrund des ausnahmsweise flachen Geländes nicht in Hütten *(palheiros)* untergebracht werden müssen.

Leuchtturm: Der Weg ist ausgeschildert. Kurioserweise hat man diesen Turm erst 1923 errichtet, um die Schiffe sicher ums Felsenkap leiten zu können.

Wandern:
Die von farbenprächtigen Blumen bewachsene *Levada Nova* führt von Ponta do Pargo nach Calheta (insgesamt ca. 20 km). Da die Straße 101 immer in der Nähe

Ponta do Sol

Orte von A bis Z

verläuft, kann man die Wanderung jederzeit abbrechen.

Von Ponta do Pargo führt eine steile Straße hinunter an die Küste nach **Paúl do Mar.**

Im **September** feiert man in Ponta do Pargo das Spitzapfelfest, die *Festa do Pêra*.

Bus: Linien 80 und 107, 3 x tgl. von und nach Funchal; Porto Moniz, Linie 142 1 x tgl.

Ponta do Sol

Lage: D 6
42 km westlich von Funchal
Extra-Tour 3: s. S. 89
Einwohner: 5000

›Sonnenspitze‹ – Ponta do Sol verströmt nostalgischen Charme: An der Uferpromenade steht ein hübscher alter Kiosk, wo man mit Blick aufs Meer Kaffee trinken und der Dorfjugend beim Flirten zusehen kann. Außerdem wartet das Örtchen mit einer sehenswerten Kirche auf, die einer der vielen Senhoras gewidmet ist, in diesem Fall der ›Jungfrau des Lichts‹ (Nossa Senhora da Luz).

Eine dünne Nabelschnur verbindet Ponta do Sol außerdem mit der Weltliteratur: Die Vorfahren des amerikanischen Schriftstellers John Dos Passos lebten hier, wie eine Tafel an ihrem Haus kundtut.

Die Gegend um Ponta do Sol ist klimatisch wie geschaffen für den Bananenanbau, weshalb das Örtchen schon sehr früh einen Bootsanleger baute, um die Bananenstauden per Dampfschiff nach Funchal transportieren zu können.

 Nossa Senhora da Luz (Unsere Liebe Frau des Lichts): im Ortszentrum, tagsüber (meistens) geöffnet. Fleißige Kirchenmaler schmückten alle Säulen, die Bögen und die Kanzel, damit sie aussehen wie aus Marmor gearbeitet – ein historischer Fake. Besonders kostbar ist die holzgeschnitzte Decke im iberisch-maurischen Mudéjar-Stil, die allerdings später ebenfalls mit Szenen aus dem Leben der Jungfrau des Lichts übermalt wurde. Das Taufbecken ist ein persönliches Geschenk von König Manuel I. Die *azulejos* an den Wänden sind jüngeren Datums, doch die Kacheln am Altarraum stammen noch aus dem 15. Jh.

 Kleiner Strand mit groben Kieseln.

Wandern: Wanderfreunde gelangen über Ponta do Sol und Canhas nach **Rabaçal.**
Oberhalb von Ponta do Sol verläuft die *Levada Nova* bis Arco da Calheta.

Lombada da Ponta do Sol: Über Serpentinen erreicht man das höher gelegene Fleckchen Lombada, wo sich eine der größten Zuckerrohrplantagen der Insel erstreckte. Hunderte von Sklaven schnitten das ›grüne Gold‹ für einen Herrn namens João Esmeraldo, der damals das größte Herrenhaus der Insel besaß und ein Freund von Christoph Kolumbus war. Kolumbus selbst hat sich hier auch eine Weile aufgehalten. Die Ruine des Herrenhauses befindet sich neben der meist verschlossenen Capela do Espírito Santo (Heilig-Geist-Kapelle).
Canhas: Kapelle Nossa Senhora

dos Anjos (Jungfrau der Engel), 1494 erbaut, da die Jungfrau hier mehrfach erschienen sein soll.

Estalagem da Ponta do Sol: Quinta da Rochinha, Sítio do Passo – Rochinha da Lombada, Tel. 291 97 02 00, Fax 291 97 02 09, www.pontadosol.com, moderat/teuer.
Das moderne Hotel liegt auf einer Klippe bei Ponta do Sol und bietet einen atemberaubenden Ausblick auf die Küste, die Terrassenfelder und den Ort. Helle und großzügige Zimmer, diverse Pools, Jacuzzi, Sauna, kleines Fitnesscenter, Sonnenterrassen, Restaurant und Bars. Kostenloser Shuttle-Bus zweimal täglich nach Funchal. Guter Ausgangspunkt für Levada-Wanderungen.

Poente: Cais da Ponta do Sol, Tel. 291 97 35 64, günstig.
Direkt am Kai liegt dieses Fischrestaurant.

8. September: Dorffest.

Taxi: Tel. 291 97 21 10; Canhas: Tel. 291 97 24 70.
Bus: Linien 4 und 107 von und nach Funchal, etwa 6 x tgl.

Portela-Pass

Lage: J 4/5

Der Portela-Pass in 620 m Höhe ist die Wetterscheide zwischen dem Norden und dem Süden von Madeira. Wenn ein kräftiger Wind den Nebel weggefegt hat, kann man vom Pass aus den ›Adlerfelsen‹ und die Örtchen an der Nordküste sehen, z. B. Porto da Cruz.

Literarische Vergangenheit

John Dos Passos steht in einer Reihe mit berühmten amerikanischen Autoren wie Ernest Hemingway und John Steinbeck. Das Haus seiner Vorfahren in Ponta do Sol in der Rua Príncipe D. Luís I liegt bergan hinter der Kirche. Die Vorderfront schmückt ein Wappen mit dem Sternbild des ›Kleinen Wagens‹. Auf der Tafel neben dem Eingang steht: »In diesem Haus wurden die Vorfahren des bedeutenden amerikanischen Schriftstellers John Dos Passos geboren, der diesem Dorf am 20. Juli 1960 einen Besuch abstattete.«

Wandern:
Leichte Levada-Wanderung von Portela nach Ribeiro Frio (11 km, insgesamt ca. 3 Std. 30 Min.). Sie zweigt über einen Steig von der Landstraße 101 oberhalb des Gasthauses ab (ausgeschildert) und führt, vorbei an einem schönen Forsthaus, teilweise an einer Levada entlang, in der sich Forellen tummeln. Das Ziel ist das Restaurant Victor's Bar in Ribeiro Frio (s. S. 74 und Extra-Tour 1, S. 85).

Casa da Portela:
Tel. 291 96 61 69, tagsüber geöffnet, günstig.
Leckere Tomatensuppe, Rindfleischspieße und kräftiger Rotwein.

Porto da Cruz

Porto da Cruz

Lage: J 4
35 km nordöstlich von Funchal
Einwohner: 3000

›Hafen des Kreuzes‹ tauften die ersten Siedler dieses alte Örtchen an der Nordküste, nach dem großen Kreuz *(cruz)*, das sie im Hafen *(porto)* aufgestellt hatten. Damals lebte Porto da Cruz von den Zuckerrohrplantagen und der Verschiffung des Zuckers nach Funchal; Zeuge ist eine Zuckermühle am Ortsrand. Bis ins 20. Jh. hinein war auch Porto da Cruz nur übers Meer erreichbar – der Fußweg über die Berge langwierig und gefährlich: Die Waren mussten von Trägerkolonnen geschleppt werden. Auch der Wein, den man in Porto da Cruz noch heute anbaut, wurde von Trägern nach Funchal transportiert. Dazu benutzte man Schläuche aus Ziegenleder, und die Träger hießen *borracheiros*. Noch heute wird diese Tradition bei der Weinernte in Porto da Cruz vergnüglich gepflegt. Dann nämlich ziehen die *borracheiros* mit den Weinschläuchen auf dem Rücken vom Weinberg in den Ort und machen ihrem Namen alle Ehre, denn *borracho* heißt ›betrunken‹ ...

Bademöglichkeiten am kleinen Strand (nur bei ruhiger See) und im geschützten Hafenbecken (mit Dusche).

Wandern
Die *Levada do Caniçal* führt von Porto da Cruz über Boca do Riso nach Caniçal (12,5 km, gut 4 Std.). Sehr anspruchsvolle Wanderung (Weg schwer zu finden, Schwindelfreiheit nötig); am besten schließt man sich einer Gruppe an.

 Faial: s. S. 39
Portela-Pass: s. S. 65

 Quinta da Capela,
Sítio do Folhadal,
Tel. 291 56 24 91,
Fax 291 23 53 97,
moderat/teuer.
Herrschaftliches Landhaus (5 Zimmer) um 1692, das als nationales Kulturerbe klassifiziert wurde. Man wohnt zwischen antiken Mahagoni-Möbeln und hat einen Panoramablick auf die Küste.

Penha d'Ave:
Casas Próximas, im Ortskern, Tel. 291 56 21 27,
moderat.
Madeirenser Spezialitäten.

 15. August: Fest der Nossa Senhora de Guadalupe, mit Feuerwerk und viel Wein.

Taxi: Tel. 291 56 24 11,
Stand gegenüber der Kirche.
Bus: Linien 53, 78 über Machico nach Funchal, ca. 5 x tgl., Fahrzeit ca. 1 Std. 45 Min.; Linie 56 über Faial nach Funchal, 1 x tgl.

Porto Moniz

Lage: B/C 2
75 km nordwestlich von Funchal
Extra-Tour 3: s. S. 89
Einwohner: 3000

Pittoreske Felseninseln, *ilhéus* genannt, ragen vor Porto Moniz aus den außerordentlich fischreichen Atlantikwellen. Das Örtchen an der Nordwestspitze von Madeira ist ein beliebtes Ausflugsziel, denn es bietet neben der spektakulären Felsenküste eine der größten Attraktionen auf der Insel: die natür-

Orte von A bis Z **Porto Moniz**

Ein erfrischendes Vergnügen: Bad in den Meeresschwimmbecken von Porto Moniz

lichen Meeresschwimmbäder. Über Jahrtausende hat das Meer Höhlen in das Lavagestein gespült bzw. ganze Felsstücke mit sich gerissen. Auf diese Weise entstanden viele ›Pools‹ mit glasklarem Wasser.

1533 ließ sich an dieser äußersten Landzunge ein adeliger Herr von der Algarve mit Namen Francisco Moniz nieder und begründete die Siedlung. In den Küstengewässern vor Porto Moniz gab es viele Schiffsunglücke. Aber auch auf dem Festland war es jahrhundertelang nicht gerade einfach, Porto Moniz zu erreichen. Bevor die heutige Straße gebaut wurde, führte hier die halsbrecherische ›Felsenstraße Nr. 23‹ entlang. Heute ist die Küstenstraße zwischen São Vicente und Porto Moniz eine der am wenigsten unfallträchtigen Straßen auf Madeira – eben weil sie so schmal und gefährlich ist, fährt jeder besonders vorsichtig.

Festungsruinen im Hafen: Die Festung wurde im 17. Jh. als Schutz gegen die Piraten gebaut.

Fischerhafen: Hübsche Fotomotive findet man bei einem Spaziergang durch den alten Fischerhafen, wenn die Fischer ihre Boote mit Seilwinden ans Ufer ziehen, weil die Brandung mal wieder zu heftig tost.

Aussichtspunkt: oberhalb des Orts an der EN 101; von hier aus liegt einem die wilde Nordküste mit den kleinen Örtchen wie ein Spielzeugland zu Füßen.

Die **Meerwasserpools** am Restaurant Orca und am Restaurant Cachalote sind die größte Attraktion von Porto Moniz.

Porto Moniz ist Ausgangspunkt für viele Wanderungen, z. B. vom **Wasserreservoir** oberhalb des Orts oder von **Lamaceiros** aus entlang der

Porto Santo

Orte von A bis Z

Levada Central da Ribeira da Janela (9 km, Hinweg 2 Std. 30 Min.; leichte Wanderung, falls man schwindelfrei ist; endet im Tal der Ribeira da Quebrada).

Kurz vor Porto Moniz haben die Küstenfelsen eine Art ›Fenster‹ ausgewaschen, nach dem der Ort **Ribeira da Janela** benannt ist. Das Tal von Ribeira da Janela reicht bis kurz vor Rabaçal in die Hochebene Paúl da Serra. Hier wächst noch der ursprüngliche Lorbeerwald.

Am Campingplatz:
Tel. 291 85 25 94,
Mo–Fr 10–15, Sa 12–15 Uhr.

Cabana do Pico:
Sítio do Pico Alto, Santa,
Tel. 291 748 222, 965 445 362,
www.cabanadopico.f2s.com,
günstig.
Wer einmal völlig abschalten möchte, ist in diesem romantisch im Wald bei Porto Moniz liegenden Häuschen gerade richtig. Man versorgt sich selbst, alles Notwendige ist vorhanden, wenn auch die Einrichtung eher einfach ist. Porto Moniz erreicht man mit dem Auto in 5 Min. Von Porto Moniz aus fährt man Richtung Santa, dann Richtung Lamaceiros.
Residencial Calhau: neben dem Meeresschwimmbecken,
Tel. 291 85 31 04, 291 85 37 04,
Fax 291 85 34 43, moderat.
15 Zimmer mit Meerblick, rustikal eingerichtet. Allein die Lage der weiß-blauen Pension ist spektakulär: Sie scheint direkt über dem Wasser zu hängen.
Campingplatz
Wegen Verlegung und Renovierung ist der Campingplatz vorerst geschlossen. Info bei: Madeira Camping Service, Funchal, s. S. 25.

Orca: neben dem Meeresschwimmbecken,
Tel. 291 85 00 00, 7–23 Uhr,
günstig/moderat.
Das Panoramarestaurant kann im Sommer ziemlich voll werden.
Polo Norte: neben dem Meeresschwimmbad,
Tel. 291 85 23 22, bis 23 Uhr,
günstig/moderat.
Für Fleischspieß- und Meeresfrüchte-Fans.

Gestickte Taschentücher, Servietten, Blusen, Maisstrohpüppchen, Hüte, Wein und andere Mitbringsel bekommt man z. B. in den beiden großen Souvenirläden **Bordarte** und **Casa Regional Souvenirs**, tgl. 10–20 Uhr, im Winter 10–18 Uhr.

Mai: Fest der hl. Rita.
Juni: Fest des hl. Antonius.
22. Juli: Dorffest und Fest der hl. Maria Magdalena. *Festa de Gado*, traditioneller Viehmarkt mit Rindfleischspießen und Wein.
September: Fest des Allerheiligsten Sakraments mit Prozession, Feuerwerk und Musik.
Im **Sommer** findet außerdem die *Semana do Mar* statt, mit Jetski-Rennen sowie der traditionellen Bootsregatta Porto Moniz–Seixal.

Taxi: Tel. 291 85 22 43.
Bus: Linien 80 und 139 von und nach Funchal, 2 x tgl., 3 Std. Fahrzeit. Linie 150 nach São Vicente, 3 x tgl., Fahrzeit knapp 30 Min.

Porto Santo

Lage: s. Nebenkarte
Extra-Tour 5: s. S. 92
Einwohner: 5000

Orte von A bis Z **Porto Santo**

Auf der winzigen ›Nebeninsel‹ von Madeira, Porto Santo, kann man sich fühlen wie am Ende der Welt: nur 11 km lang und 6 km breit ist der ›Heilige Hafen‹, den die portugiesischen Seefahrer unter Bartolomeu Perestrelo 1418 entdeckten. Damals war das Inselchen bewaldet und bewachsen, doch die Siedler rodeten die ursprüngliche Vegetation aus Drachenbäumen, Wacholder sowie Baumheide und bauten stattdessen Getreide an, denn die portugiesischen Karavellen nach Übersee machten hier Station, nahmen Wasser und Lebensmittel auf. Schnell verkarstete die Insel. Von den Piraten wurde Porto Santo noch schlimmer heimgesucht als Madeira – es gab so viele Überfälle, dass die Einwohner allen Ernstes überlegten, die Insel zu verlassen und nach Madeira überzusiedeln.

Auf einen anderen Besucher dagegen sind die Inselbewohner äußerst stolz: Christoph Kolumbus heiratete die Tochter des Entdeckers Perestrelo und ließ sich eine Weile auf Porto Santo nieder. Das Haus in seiner ursprünglichen Form existiert zwar nicht mehr, doch für das kleine Kolumbus-Museum hat man die kleinsten Details zusammengetragen, um die prominente Anwesenheit zu dokumentieren.

Der Hauptort **Vila Baleira** ist in den Wintermonaten ein sympathisch-verschlafenes Nest, im Sommer scheint es jedoch aus allen Nähten zu platzen, weil der wunderbare Strand auch für viele Madeirenser ein sehr beliebtes Urlaubsziel ist.

Rathaus: Largo do Pelourinho, Vila Baleira.
Das Gebäude aus dem 16. Jh. verbreitet koloniales Flair. Der schöne schattige Platz ist ein beliebter Treffpunkt.

Igreja de Nossa Senhora da Piedade: neben dem Rathaus, Vila Baleira.
Die erste Kirche der Insel wurde immer wieder von den Piraten zerstört. Heute steht man vor einem Wiederaufbau aus dem 17. Jh.

Casa-Museu Cristovão Colombo: Rua Cristovão Colombo, Tel. 291 98 34 05, Mo–Fr 9.30–17.30, Sa 9.30–12 Uhr, So und feiertags geschl.

Der 8 km lange goldgelbe Sandstrand ist einfach traumhaft, und die Wassertemperatur ist selbst im Winter sehr angenehm.

Reiten
Centro Hípico de Porto

Außer Strand gibt's auch noch Windmühlen auf Porto Santo

Porto Santo
Orte von A bis Z

Santo: Sítio da Ponta,
Tel. 291 98 31 65.
Tauchen
Scuba Diving Center:
Rua João Gonçalves Zarco 5,
Vila Baleira, Tel. 291 98 21 62,
Fax 291 98 21 63.
Auch Boottrips.

 Avenida Henrique Vieira de Castro:
Tel. 291 98 23 61, 291 98 23 62,
Durchwahl 203/238, Mo–Fr
9–17.30, Sa und feiertags
10–12.30 Uhr, So geschl.
Feuerwehr und **Ambulanz:**
Tel. 291 98 23 54,
291 98 23 79.
Gesundheitszentrum:
Centro de Saúde, Rua Dr. José
D. Lima, Tel. 291 98 22 11,
291 98 22 99.
Post: in der Avenida Vieira de
Castro (schräg gegenüber vom
Tourismusbüro),
Tel. 291 98 21 40.

 Pensão Central:
Rua José S. Moura
Caldeira, Vila Baleira,
Tel. 291 98 22 26,
Fax 291 98 34 60, günstig.
42 Zimmer. Am schönsten ist die
Suite im zweiten Stock mit Veranda und Meerblick.
Am Strand
Residecial Theresia:
Tel. 291 98 36 83,
Fax 291 98 33 00, günstig.
Angenehme Unterkunft für den
kleinen Geldbeutel. Die Pension
steht unter deutscher Leitung, es
herrscht eine sehr freundliche Atmosphäre, und im großen Garten
lässt es sich angenehm sitzen. Direkt am Strand.
Praia Dorada: Rua D. Estevão
d'Alencastre, Vila Baleira,
Tel. 291 98 23 15,
Fax 291 98 24 87, moderat.

110 Zimmer. Einfaches, doch komfortables Strandhotel mit kleinem
Pool, Bar und Fernsehräumen.
Vila Ramos: Lugar de Baixo,
Vila Baleira, Tel. 291 98 48 66,
für Reservierungen:
Tel. 291 76 26 16,
Fax 291 76 21 92, moderat.
Gemütliche kleine Residenz auf
einem Hügel. Etwa 100 m zum
Privatstrand.
Hotel Porto Santo:
Tel. 291 98 01 40,
Fax 291 98 01 49, moderat/teuer.
96 Zimmer und Suiten, alle mit
Terrasse. Direkt am Strand liegt
dieses bekannte und bei Wassersportlern sehr beliebte Hotel.
Sonnenterrassen, Poollandschaft,
Tennisplatz, Volleyballfeld, Minigolf, Kinderbetreuung.
Torre Praia Suite Hotel:
Rua Goulart Medeiros,
Tel. 291 98 52 92,
Fax 291 98 24 87,
moderat/teuer.
66 Zimmer und Suiten. Um einen
alten Schmelzofen herum wurde
dieses Strandhotel gebaut. Strandzugang, Sauna, Fitnesscenter,
Squash und Tennis.
Camping
**Parque de Campismo
do Porto Santo:**
Rua Goulart Medeiros,
Vila Baleira, Tel. 291 98 31 11,
www.madeira-camping.com.

In Vila Baleira
Café Baiana: Rua Dr. Nuno
S. Teixeira, Tel. 291 98 46 49,
Mo–So 8–24 Uhr, günstig.
Am kleinen Platz vor dem Rathaus, mit überdachter Terrasse.
Sehr beliebt bei den Einheimischen, gute Toasts, kleine Gerichte
und traditionelle Küche.
Esplanada da Praia:
Tel. 291 98 44 11, 12–14.30,
19–22.30 Uhr, günstig/moderat.

Orte von A bis Z **Ribeira Brava**

Auf der ›Strandterrasse‹ gibt es leckeren Fisch und eine frische Brise.
O Forno: Rampa da Fontinha, Tel. 291 98 51 41, 11.30–22.30 Uhr, moderat.
Fleisch und Fisch vom Holzkohlengrill, warmes Knoblauchbrot und Inselwein.
Am Strand und außerhalb:
Estrela do Norte: Camacha, Tel. 291 98 34 00, 10–2 Uhr morgens, günstig.
Leckere Hähnchen vom Holzkohlengrill.
Pôr do Sol: Calheta, Tel. 291 98 43 80, 291 98 20 02, tgl. 9.30–22 Uhr, günstig.
Bei Anruf holt man Sie aus Vila Baleira ab und bringt Sie wieder zurück. Kleine Gerichte und frischer Fisch auf einer Terrasse direkt am Meer, mit Blick auf die Felsinseln. Grandiose Kulisse für einen Bilderbuch-Sonnenuntergang.

Diskothek Challenger: Rua D. Estevão d'Alencastre, Vila Baleira, Tel. 291 98 34 80, tgl. ab 22 Uhr. Ein populärer Treffpunkt. Typische Disko-Musik und Pop.
Bar João do Cabeço: Sítio do Cabeço, Tel. 291 98 21 37, tgl. 16–4 Uhr.
Hier kann man sich am Wein aus Porto Santo laben, Muscheln und Sandwiches essen, mit traditionellen Kohlsuppen *(caldo verde)* die Nacht überstehen und Musik hören.

24. Juni: Porto Santo feiert das Inselfest – mit Böllerschüssen, Feuerwerk, Blumengirlanden, Umzügen und Musikkapellen.

Mietwagen:
Budget: im Flughafen, Tel. 291 98 30 08, ca. 17 € pro Tag.
Cristovão Colombo: Rua Dr. Manuel Gregório Pestana Júnior, Tel. 291 98 22 80, Fax 291 98 28 20, ca. 25 € pro Tag.
Rodavante: im Flughafen, Tel. 291 98 29 25, Fax 291 74 19 98, ca. 22 € pro Tag.
Taxi:
Tel. 291 98 23 34, Stand in der Rua Dr. Nuno S. Teixeira, Vila Baleira.
Bus:
Vila Baleira–Camacha 6 x tgl.;
Vila Baleira–Ponta 4 x tgl., (zurück: 3 x tgl.);
Vila Baleira–Campo de Baixo und Campo de Cima 4 x tgl. (zurück: 3 x tgl.);
Vila Baleira–Serra de Fora 6 x tgl.;
Sa und So nur 2 x tgl. Busverbindungen nach Camacha und Ponta; tgl. um 10.20 und um 16 Uhr Bus zum Hafen. Vom Hafen in die Stadt: 11.05, 16.10 Uhr.
Fähre:
Porto Santo Line (Fährschiffe nach Madeira): im Hafen, Tel. 291 98 25 56. In Vila Baleira, Rua B. Perestrelo, Tel. 291 98 25 43.
Hafenverwaltung:
Tel. 291 98 25 77.
Flugzeug:
Flughafen: Tel. 291 98 23 79. Informationen der **TAP Air Portugal,** Flughafen, Tel. 291 98 21 46, Reservierungen Tel. 291 98 24 14.

Ribeira Brava

Lage: D/E 6
32 km westlich von Funchal
Extra-Tour 3: s. S. 88
Einwohner: 6500

Ribeira Brava *Orte von A bis Z*

Ribeira Brava: Kinder und Kirche, ein einmaliges Ensemble

Orte von A bis Z # Ribeira Brava

Über die neue Autobahn ist es von Funchal aus nur ein Katzensprung in dieses schöne alte Fischerstädtchen mit der breiten Uferpromenade, den Cafés am Meer und dem Straßengewirr hinter der Kirche. Die letzten Häuser von Ribeira Brava stehen bereits in der Schlucht zum Encumeada-Pass. Der ›wilde Bach‹ westlich des Orts, nach dem Entdecker Zarco die Siedlung taufte, kann im Herbst um einige Meter anschwellen und Häuser, Brücken und Menschen mit sich reißen. Lange Wellenbrecher aus Beton sollen vor Flutkatastrophen von Meeresseite schützen. Der runde Festungsturm des Forte de São Bento auf der Promenade wurde zur Verteidigung gegen Piraten gebaut.

Igreja de São Bento: Pfarrkirche am Hauptplatz.
Auffällig ist der Glockenturm mit den blauen und weißen *azulejos* – die Kachelverkleidung sollte den Turm vor dem aggressiven Meeresklima schützen. 1440 wurde mit dem Bau der Kirche begonnen, doch die schöne barocke Innenausschmückung fügte man erst im 17. Jh. hinzu. Den Taufstein schenkte König Manuel I. der Gemeinde, die Kanzel stammt aus derselben Epoche. Besonders wertvoll sind ›Die Geburt Christi‹ aus der Flämischen Schule und die Marienfigur aus dem 16. Jh.
Câmara Municipal (Rathaus): Gleich hinter der Kirche liegt dieses Herrenhaus aus dem 18. Jh. mit wunderschönem Garten.

Museu Etnográfico da Madeira: Rua de São Francisco 24, Tel. 291 95 25 98, Di–So 10–12.30, 14–18 Uhr, Mo und feiertags geschl., auf Wunsch montags Führungen 10–12.30 Uhr, Reservierung erforderlich, Eintritt ca. 2 €.
Das Alltagsleben vergangener Jahrhunderte ist in diesem Museum dokumentiert. Arbeitsgeräte und -bedingungen der Fischer, Weber, Lastenträger, Müller, Weinbauern; die traditionelle Hausbauweise, Herstellung von Lebensmitteln, Bekleidung etc. gehören zur Ausstellung, aber auch diverse Filme. Im angeschlossenen kleinen Shop kann man sich vorführen lassen, wie die typischen Madeira-Stiefel hergestellt werden (auch Verkauf).

Sehr grober Steinstrand und kräftige Brandung.

Wandern
Über **Apresentação** und **Tábua** kann man zur *Levada Nova* wandern, die wieder an die Küste zurückführt (12,5 km, ca. 4 Std. 30 Min., teilweise sehr steil).
Oder man folgt der *Levada Nova* bis **Lombada da Ponta do Sol** (15 km, knapp 6 Std., recht anstrengend, für gut trainierte Wanderer).
Professionelle Wanderer können von **Ribeira Brava** über die *Levada do Lombo do Mouro* auf den **Encumeada-Pass** wandern (15,5 km, ca. 6 Std., sehr anstrengend wegen heftiger Steigungen Trittsicherheit und Schwindelfreiheit unbedingt vorausgesetzt).

Nach **Boca da Encumeada** (s. S. 38) und **São Vicente** (s. S. 79) an der Nordküste und in die Örtchen **Ponta do Sol** (s. S. 64), **Madalena do Mar** (s. S. 57) etc. an der Südküste.

Tourismusbüro im **Forte de São Bento:** an der Uferpromenade, Tel. 291 95 16 75,

Ribeiro Frio

Mo–Fr 9–12, 14–17,
Sa 9.30–17 Uhr.

Brava Mar: Comte Camacho Freitas,
Tel. 291 95 22 20,
Fax 291 95 31 32, günstig.
70 Zimmer. Schnörkeloses Stadthotel, viele Wanderer.

Marginal: Uferpromenade,
Tel. 291 95 25 43,
291 95 15 70, günstig.
Spezialität sind die frischen Fischgerichte, doch die Hühnersuppe ist auch nicht zu verachten.
Vista Alegre: Estrada Nacional 101, Tel. 291 95 36 14,
291 95 37 65, tgl. 8–24 Uhr,
moderat.
Leckere Grillgerichte, Spezialitäten.

Mercado: tgl. 7–19 Uhr. Die bunten Stände des Markts in Ribeira Brava sind einen Spaziergang wert.
In den schmalen Straßen zwischen der Kirche und dem Museu Etnológico gibt es viele kleine **Kramläden. Souvenirgeschäfte** an der Uferpromenade.

29. Juni: Fest des hl. Petrus, des Schutzpatrons der Fischer. Eindrucksvolle Bootsprozession, Feuerwerk, Musik und Volksfeststimmung. Mit etwas Glück bekommen Sie den berühmten *Dança das Espadas* (Schwerttanz) zu sehen, der von der Folkloregruppe aus Ribeira Brava meisterhaft dargestellt wird.

Taxi: Tel. 291 95 18 00,
291 95 26 06, Praça do 1°
de Maio; Tel. 291 95 23 49, Largo do Eredia; Tel. 291 95 36 01, Ortsteil Campanario. Taxistand an der Uferpromenade.
Bus: Linien 4, 6, 7, 107, 139 von/nach Funchal, etwa jede Std., Fahrzeit entlang der Küste 1,5 Std.

Ribeiro Frio

Lage: H 5
14 km nördlich von Funchal
Extra-Tour 1: s. S. 85
Einwohner: unter 100

Wenn es hinter dem Poiso-Pass wieder talwärts durch die Wälder geht, liegt in der ersten sattgrünen Senke Ribeiro Frio. ›Kalter Bach‹ heißt dieser Weiler mit den verstreut liegenden Häuschen, über denen die Nebelschwaden stehen. Kaltes Bergwasser gibt es hier zuhauf, und man benutzt es, um Forellen darin zu züchten. Die staatliche Forellenzuchtanlage versorgt die Insel mit dem einzigen Süßwasserfisch, der auf Madeira bekannt ist. Am besten kann man die köstlich zubereiteten oder mild geräucherten Forellen direkt hier probieren.

Parque Forestal: Der Naturpark von Ribeiro Frio bietet eine wunderbare Möglichkeit, den ursprünglichen Lorbeerwald *(Laurisilva)* zu durchstreifen, der vor der Entdeckung ganz Madeira bedeckte. Außerdem wurden hier nahezu alle auf Madeira heimischen Pflanzen gesammelt und mit lateinischen Bezeichnungen versehen.

Wandern
Von **Victor's Bar** führt eine ausgeschilderte Levada nach **Portela** (insgesamt 12 km, gute Wegbeschreibung und Ausrüstung notwendig), doch wenn man sich auf die ersten 20 Min. beschränkt, ist es ein interessanter Spaziergang. Zu Fuß kann man auch

Orte von A bis Z **Santa Cruz**

leicht die Strecke zu einem ausgeschilderten **Aussichtspunkt** *(balcões)* bewältigen, von dem aus man bei klarem Wetter sowohl das Zentralmassiv wie auch den markanten Adlerfelsen bei Faial sehen kann.

Bei Ribeiro Frio steht ein **Staatliches Forsthaus** zur Verfügung, das man nach Voranmeldung benutzen kann:
Região Autónoma da Madeira:
Governo Regional, Quinta Vigía,
Avenida do Infante, Funchal,
Tel. 291 23 02 00,
Fax 291 23 18 68,
Mo–Fr 9–20, Sa 9–18 Uhr.

Victor's Bar:
Tel. 291 57 58 98,
9–19 Uhr, moderat.
Im ›Teehaus‹ gibt es leckere Forellen.

Cold River Souvenirs: schräg gegenüber von Victor's Bar. Rustikale Wollpullover für ca. 25 €, ansonsten das übliche Souvenirangebot.

Bus: Linie 103 von und nach Funchal, 2–3 x tgl., Fahrzeit 1 Std. 15 Min.

Santa Cruz

Lage: J/K 6
17 km nordöstlich von Funchal
Einwohner: 8000

Geprägt wird Santa Cruz durch die Nähe zum Flughafen von Madeira. Das eigentlich hübsche Küstenörtchen war eine der ersten Siedlungen auf Madeira und wurde durch den Zuckerrohranbau sehr schnell reich, was sich im Bau prächtiger Gebäude und der größten Kirche außerhalb von Funchal niederschlug. Ende des 19. Jh. war Santa Cruz eine beliebte Sommerfrische für betuchte Familien aus Funchal, denn die Bademöglichkeiten waren (und sind) hier ungleich besser; prächtige Quintas wurden in die Obstgärten gebaut, und auf der Uferpromenade flanierte die High Society. Dabei war es gar nicht so einfach, Santa Cruz zu erreichen: Für die Mühen wurden die weit gereisten Gäste im superelegganten Hotel Gonçalves verwöhnt, das nach dem Reid's als bestes Hotel der Insel galt. Leider existiert das Hotel nicht mehr. Dafür gilt die Badeanlage Palmeiras als fast dem Lido in Funchal ebenbürtig.

Igreja de São Salvador: im Ortskern. 1533 gab der damalige Lehnsherr von Ost-Madeira, João de Freitas, den dreischiffigen Bau in Auftrag (er ist auch in der Kirche begraben). Besonders eindrucksvoll sind die gotischen Gewölbe und das Zwillingsportal im Chor aus manuelinischer Zeit. Kostbare Fliesen aus dem 16. Jh. befinden sich in der Sakristei – die *azulejos* stammen aus dem alten Franziskanerkloster von Santa Cruz, dessen Reste dem Flughafenbau zum Opfer fielen.

Die **Festung** am westlichen Strandende sollte die vollen Hafenspeicher vor Piratenüberfällen schützen und gehört heute der Finanzbehörde. Besichtigen kann man sie leider nur von außen.

Praia das Palmeiras: tgl. 7–19 Uhr, freier Eintritt. Öffentliche Meeresbadeanlage mit Pool für Kinder.
Albatroz: Sítio da Terça,
Tel. 291 52 41 42.
Das Restaurant hat einen Privatstrand und einen schönen Pool.

Santana

Orte von A bis Z

Sehr idyllisch: die Casas das Queimadas

Nach **Santo da Serra** (s. S. 78) ist es nicht weit – und Sie haben ein gebirgiges Kontrastprogramm zur Küste.

Santo António: Rua Cónego, César de Oliveira, Tel. 291 52 41 98, Fax 291 52 42 64, günstig/moderat. 14 Zimmer. Eine recht komfortable Pension.
Hotel Santa Catarina: Rua do Bom Jesús, Tel. 29 15 20 00 00, 29 15 20 00 01, teuer.
40 Zimmer und Suiten, in einer schönen Gartenanlage. Mit Pool und Spielsalon. Zum Hotel gehört das bekannte Restaurant Loural. Behindertengerecht.

Albatroz: Sítio da Terça, Tel. 291 20 56 00, 12–15, 19.22.30 Uhr, teuer.
Ein Feinschmeckerparadies in einem ehemaligen Landsitz, mit Privatstrand und Pool.

Mercado: in der Nähe der Strandpromenade, Mo–Sa 7–16, So 7–12 Uhr. Blumen, Obst, Gemüse, Fleisch und Fisch – alles bunt und frisch. Modernes Fliesenbild am Eingang.

15. Januar: Stadtfest.

Bus: Linien 20, 23, 25, 53, 78, 113, 156 stündlich von und nach Funchal und Machico.

Santana

Lage: H 3
50 km nördlich von Funchal
Einwohner: 5000

Santana gilt als das schönste Dorf an der Nordküste und ist auf Madeira bekannt für seine strohgedeckten Häuser. Die spitzgiebeligen Dächer reichen bis auf den Boden. Weiß getüncht und die Fensterläden in kräftigem Rot, Grün oder Blau bemalt, waren diese winzigen, dreieckigen Häuser *(casas de colmo)* das traditionelle Heim der Bauern von Santana und Umgebung. Viel Platz bie-

Orte von A bis Z **Santana**

Neue Ferienhäuser: Quinta do Arco

Quinta do Arco, Dorfmitte von Arco de São Jorge, Tel. 291 79 47 61, Fax 291 79 33 47, moderat. Acht Häuser jeweils mit Schlafzimmer, Wohnzimmer, Küche, Bad. Man wohnt auf einem alten Bauernhof, der teilweise für den Tourismus umgebaut wurde. Der Pool am Herrenhaus kann mitbenutzt werden, Selbstversorger können sich auf dem Hof gleich mit Obst und Gemüse eindecken, inklusive frischem Landbrot und Eiern. Umgeben sind die Häuschen von einem großen Garten mit tropischen Gewächsen. Nicht zu verachten ist der großzügig sortierte Weinkeller. Sehr zu empfehlen!

ten sie nicht gerade, wie man sich in den drei ›Musterhäusern‹ neben dem neuen Rathaus selbst überzeugen kann. Das Leben spielte sich im Wesentlichen im Freien ab.

Der Ortsname geht übrigens auf eine Kapelle für die hl. Anna zurück, die hier im 16. Jh. errichtet wurde. Die Umgebung ist außerordentlich fruchtbar und etwas leichter zu bewirtschaften, da die Küstenfelsen hier ausnahmsweise ein größeres Plateau bilden.

Casas de Colmo: neben dem Rathaus an der Hauptstraße. Ein Häuschen ist mit traditionellem Mobiliar eingerichtet.

Arco de São Jorge: Auf dem Weg zu diesem Felsbogen bzw. der Felsnase liegt der hübsche Aussichtspunkt **As Cabanas** (s. Unterkunft) – nicht zu verfehlen wegen der Reisebusse.

Der nahe gelegene **Naturpark** von **Queimadas** ist ein lohnendes Ziel für Spaziergänger und Wanderer, die von hier aus zum **Pico Ruivo** laufen oder die *Levada do Caldeirão Verde* wählen. Im Park befinden sich zwei kleine Pousadas, die im Sommer bei Voranmeldung vermietet werden (**Região Autónoma da Madeira:** Governo Regional, Quinta Vigía, Ave. do Infante, Funchal, Tel. 291 23 02 00, Fax 291 23 18 68, Mo–Fr 9–20, Sa 9–18 Uhr). Der Park selbst mit seiner Blütenpracht lohnt ebenfalls einen Besuch.

Wandern:
Zum Pico Ruivo kommt man über **Achada da Teixeira.** Ein gut ausgebauter Weg führt uns ganzjährig bewirtschafteten Berghütte (ca. 45 Min.) und zum Gipfel (ca. 15 Min.). Für Übernachtungen in der Schutzhütte **Abrigo da Montanha** Voranmeldung beim **Região Autónoma da Madeira** (s. o.).

São Jorge: Die Pfarrkirche von 1761 ist mit goldbelegten Holzschnitzereien ausgestattet. Unbedingt besuchen!

Posto de Turismo: Sítio do Serrado, Tel. 291 57 29 92.

außerhalb:
Casa D. Clementina:

Santo da Serra

Orte von A bis Z

Achada Simão Alves,
Tel. 291 57 41 44, moderat.
Ländliche Pension mit fünf Gästezimmern und hübschem Garten.
Cabanas de S. Jorge Village:
Sítio da Beira da Quinta,
Tel. 291 57 62 91, 291 57 61 00,
Fax 291 57 60 32,
moderat/teuer.
25 Bungalows in einem rustikalen Stil, jedoch renoviert und recht komfortabel ausgestattet. Großes Restaurant. 8 km von Santana.
Casas de Campo do Pomar:
Sítio do Lombo do Curral,
Tel. 291 57 21 22,
casascampopomar@telepac.pt,
moderat/teuer.
Kleine, angenehme Apartments mit Terrasse und schönem Blick.

O Colmo: Serrado,
Tel. 291 57 24 78,
Fax 291 57 43 12, moderat.
Empfehlenswerte regionale Küche. Dem Restaurant ist auch eine kleine Pension (17 Zimmer, einfach und preiswert) angeschlossen.

Eine Woche vor Karneval:
Auf der ganzen Insel beliebt ist die *Festa dos Compadres,* das ›Gevatternfest‹ in Santana, mit satirischem Puppenspiel; **25. Mai:** Dorffest; **Ende Juni:** *Festa das Tosquias* (Schafschurfest).

Taxi: Tel. 291 57 25 40.
Bus: 103, 138 von/nach Funchal, 3–6 x tgl., Fahrzeit 2 Std; Nr. 132 nach São Vicente, 1 x tgl.

Santo da Serra

Lage: J 5
30 km nordöstlich von Funchal
Einwohner: 1500

Das winzige Örtchen auf dem Hochplateau in den Küstenbergen war schon im 19. Jh. ein sehr beliebter Ferienort der reichen Familien aus Funchal. Auch die Händlerdynastie Blandy besaß hier eine prachtvolle Quinta mit herrlichem Park, der heute öffentlich zugänglich ist. Korrekt heißt das Dörfchen, dessen Bewohner von der Viehzucht und vom Tourismus leben, Santo Antonio da Serra; dem hl. Antonius ist auch die nicht gerade spektakuläre Kirche gewidmet.

Quinta do Santo da Serra:
gleich hinter der Kirche. Das ehemalige Herrenhaus der Blandy-Familie. Der Park mit der Blumenvielfalt, dem kleinen zoologischen Garten, den Spiel- und Picknickplätzen ist ein beliebtes Ausflugsziel der Funchalesen.
Miradouro dos Ingleses:
im hinteren Teil des Parks.
Ein in den Fels geschlagener Aussichtsbalkon, an dem ›die Engländer‹, sprich Herr Blandy, nach Handelsschiffen Ausschau hielten. Man sieht bis Porto Santo.

Golf
Golfplatz Santo da Serra:
Tel. 291 55 23 45. 18-Loch-Parcours, atemberaubende Aussicht, Kurslänge 6015 m. Im Januar finden hier die ›Madeira Open‹ statt.
Wandern
Von Santo da Serra aus kann man verschiedene Levada-Wanderungen unternehmen, z. B. entlang der *Levada do Furado* nach **Ribeiro Frio** (s. S. 74) oder nach **Portela** (s. S. 65).

Quinta do Pântano:
Casais Próximos, Tel.
291 55 25 77, Fax 291 22 26 67,
www.madeiraapartments.com/
quintapantano, günstig.

Orte von A bis Z **São Vicente**

Drei Apartments für Selbstversorger, mitten in einer Kiwi-Plantage – hier kann man mit Kindern Ferien auf dem Bauernhof machen. Kleiner Reitstall.
Estalagem do Santo: Sítio dos Casais Próximos,
Tel. 291 55 26 11,
Fax 291 55 25 96, Luxus.
Zwischen dem Golfclub und dem Naturpark Santo da Serra liegt dieses ehemalige Herrenhaus mit 36 Zimmern in einer ebenfalls sehenswerten Gartenanlage. Mit türkischem Bad, Jacuzzi, Hallenschwimmbad und gemütlichem Restaurant.

A Nossa Aldeia: im Zentrum, günstig.
Von den deftigen Gerichten wird man rundum satt.

Taxi: Tel. 291 55 21 00.
Bus: Linie 77 von und nach Funchal, 6 x tgl., Fahrzeit 1 Std. 20 Min.; Linie 20 über Machico von und nach Funchal, 5 x tgl., Fahrzeit 1 Std. 45 Min.

São Vicente

Lage: E 3
55 km nordwestlich von Funchal
Einwohner: 6500

Einer der schönsten Orte der Insel: weiß gestrichene Häuschen voller Blumenschmuck ziehen sich den Hang hoch, dazwischen Gassen und Treppen aus altem Pflaster. Man flaniert an einigen Cafés vorbei, wirft vielleicht einen Blick in die Kramläden oder setzt sich im Garten des World Wildlife Fund ein bisschen in die Sonne und betrachtet die hier zusammengestellten heimischen Blumen und Pflanzen der Küstenregion. Oder man streift über den alten Friedhof neben der Pfarrkirche, wo die einfachen Gräber der Fischer – sie bestehen nur aus einem kleinen Erdhügel – neben den prächtigen Totenhäusern der reichen Familien liegen.

Igreja de São Vicente: Sie ist dem hl. Vinzenz geweiht, einem Märtyrer aus Valencia, der angeblich, mit einem Mühlstein beschwert, ins Meer geworfen wurde; zwei Raben geleiteten seinen Leichnam zurück ans Ufer, wo man ihn bestattete. Seine Geschichte erzählt das Pflastermosaik vor der Kirche. 1943 wurde die Kirche aus dem 17. Jh. renoviert. Für einen relativ kleinen Ort wie São Vicente ist die Kirche ungewöhnlich prachtvoll mit vergoldeten Holzschnitzereien und bemalten Altären ausgeschmückt. Sehenswert sind auch die Kachelbilder in den Seitenschiffen.
Grutas de São Vicente:
Sítio do Pé do Passo,
Tel./Fax 291 84 24 04, im Sommer 9–21 Uhr, im Winter 9–19 Uhr.
Ein 700 m langer Rundgang (auf Wunsch mit Führung) führt durch diese Höhle, die vor 400 000 Jahren durch jenes glühende Magma geschaffen wurde, das der letzte Vulkan ausstieß. Eine Zeitreise!

Der grobsteinige Strand von São Vicente eignet sich wegen der Brandung nicht sehr gut zum Baden.

Geradezu ein ›Muss‹ ist die **Küstenstraße** von São Vicente über Seixal (s. u.) nach Porto Moniz (s. S. 66).

Quinta Casa da Piedade:
Sítio do Laranjal,

Seixal

Orte von A bis Z

Tel. 291 84 60 42,
Fax 291 84 60 44. günstig.
Mitten im idyllischen Tal liegt diese schöne Quinta aus dem 18. Jh., in der man elegant und komfortabel wohnt (6 Zimmer). Sehr freundliche Betreuung.

An der Küste:
Estalagem do Mar: Juncos, Fajã d'Areia, Tel. 291 84 00 10, Fax 291 84 00 19, günstig/moderat.
75 Zimmer und acht Junior-Suiten, alle mit Meerblick. Mit Meerwasserpool und (innen) beheiztem Süßwasserpool, Sauna, Tennisplatz.

Ferro Velho: Rua da Fonte Velha, Tel. 291 84 27 63, tgl. 8–6 Uhr, günstig.
Traditionelle Küche, Snacks, Drinks und Nachtleben gibt es in diesem Pubrestaurant direkt im Ort.
Frente Mar: Calhau, Tel. 291 84 28 71, tgl. 7–24 Uhr, günstig.
Leckere Hühnchen vom Grill, Schnecken, Rindfleischspieße, Meeresfrüchte und Fisch – alles sehr frisch und gut zubereitet.

Fajão do Rente: an der Straße nach Seixal, Tel. 291 84 22 60, tgl. 9–22 Uhr (Bar) 9–19 Uhr (Geschäft).
Touristischer Komplex mit Goldschmiedezentrum, Stickereimanufaktur, großem Kunsthandwerksgeschäft, Restaurant mit Terrasse und Bar. Große Auswahl an Schmuck und Stickereien sowie traditionellen Gerichten.

22. Januar: Dorffest.
Pfingstsonntag: *Festa do Espírito Santo.* Anlässlich der Visite des Heiligen Geistes sammeln mit roten Westen bekleidete *mordomos* und Ehrenjungfrauen *(saloias)* in bunten Trachten Spenden für die rituelle Armenspeisung nach der Pfingstmesse – heutzutage ein öffentliches Gelage mit viel Musik und Tanz.

Taxi: Tel. 291 84 22 38.
Bus: Linien 6 und 139 von und nach Funchal, etwa 5 x tgl.

Seixal

Lage: C/D 3
55 km nördlich von Funchal
Einwohner: 800

Das winzige Örtchen zwischen São Vicente und Porto Moniz lebt vom Fischfang und vom Weinanbau – die Weinreben werden auf winzigen Terrassen gezogen und von Hecken gegen die steife Brise von See geschützt. Der berühmte Sercialwein ist hier beheimatet – man kann ihn bis in den November hinein ernten.

Vor der Küste ragen Felsinseln wie Zähne aus dem Wasser; eine davon ist mit dem Land verbunden und befindet sich in Privatbesitz, auf einer anderen lebten früher Mönchsrobben, doch die letzte wurde 1932 gefangen und steht heute ausgestopft und einbalsamiert im Botanischen Garten in Funchal.

Kleines **Meeresschwimmbecken** und an der neu angelegten Uferpromenade (im westlichen Teil) lädt ein kleiner **Kies-Sandstrand** mit Duschen zum Baden ein.

Casa das Videiras: Sitio da Serra de Agua, Seixal, Tel. 291 85 40 20, 291 22 26 67,

Orte von A bis Z **Vila Baleira**

Fax 291 22 26 67 (bitte adressieren an Casa das Videiras, Alberto Reis), www.casa-das-videiras.com, günstig.
Im 1867 gebauten und 1995 renovierten und erweiterten Gästehaus (3 DZ mit Bad) wohnt man angenehm und umsorgt von Alberto, der von Gourmet-Gerichten bis hin zu geführten Touren alles organisiert.
Casa dos Ramos: Sítio do Ribeiro da Laje, Tel. 291 85 40 25, günstig/moderat.
Fünf Zimmer, ländlich und einfach eingerichtet.

 Brisa Mar: Tel. 291 85 44 76, Fax 291 85 44 77, günstig/moderat.
Pension und Gasthaus, am alten Kai. Großer, hübsch eingerichteter Gastraum, sehr gute Fisch- und Meeresfrüchtekarte.
Sol Mar: Sítio do Lombinho, Tel. 291 85 48 54, Mo–So 8–2 Uhr, günstig/moderat.
In der Nähe der alten Kais von Seixal genießt man exzellente Madeirenser Küche, vom Rindfleischspieß bis zu köstlichen Fischgerichten und Meeresfrüchten.

Küstenstraße bei Seixal: eine kostenlose Waschstraße

Januar: An einem Wochenende der zweiten Januarhälfte findet *Comes e Bebes* (›Iss und Trink‹) statt, das traditionelle Fest des hl. Antonius – ein opulentes Gelage, an dem auch die umliegenden Weiler teilnehmen.
August: *Santissimo Sacramento* (Fest des Allerheiligsten Sakraments), viertägiges Volksfest.
Zu wechselnden Daten im **Sommer:** Angelwettbewerb, Kanuregatta (die gesamte Insel wird umkreist) und *Semana do Mar,* ›Meereswoche‹, organisiert vom Clube Naval do Seixal am Hafen.
September: Weinlese und -fest.
November: am Vorabend von Sankt Martin: Weinprobe und nächtlicher Umzug.
Dezember: An Heiligabend spielt man in der Kirche von Seixal die Geburt Christi und seine Anbetung nach, indem Pilger zur Krippe ziehen, Geschenke darbringen und singen.

 Bus: Linie 150 nach São Vicente und Porto Moniz, 3 x tgl.

Vila Baleira

s. Porto Santo S. 68 und 92

EXTRA-

Fünfmal Madeira – Ausflüge auf der Blumeninsel

1. Souvenir-Potpourri – feine Stickereien, Korbflechtereien und Blumenpracht
2. Die Weine von Madeira und ein Poncha-Rezept – ein ›köstlicher‹ Ausflug

Quinta do Palheiro / Blandy's Garden – Der schönste Garten auf Madeira ist ein Englischer Garten mit tropischen Pflanzen

Monte – Hoch in den Bergen über Funchal: die Wallfahrtskirche der Schutzpatronin von Madeira. Traumhafte Gärten und ein kurioses Transportmittel: Korbschlitten

Jardim Botánico – Subtropische Blütenpracht und ein Orchideengarten

Touren

3. Panoramatour – die spektakulärsten Aus-, Ein- und Überblicke

4. Dreimal Wandern – dreimal Levadas

5. Ein Ausflug zur Nachbarin – nach Porto Santo

Souvenir-Potpourri – feine Stickereien, Korbflechtereien und Blumenpracht

Diese erste Tour (ca. 50 km) ist besonders empfehlenswert für Besucher, die nur wenig Zeit haben, um Madeira zu erkunden, die aber trotzdem vielfältige Eindrücke mit nach Hause nehmen möchten.

Ausgangspunkt ist **Funchal** (G/H 6/7). Schon hier finden Sie in der Textilhändlerstraße Rua dos Murcas viele Geschäfte, in denen kostbare Stickereien verkauft werden (s. S. 41ff.). Eine weitere gute Adresse für dieses traditionelle Kunsthandwerk ist die Firma Patrício & Gouveia (s. S. 52). Seit 1852 sticken die Frauen auf Madeira ihre kunstvollen Muster – eine Möglichkeit zum Überleben, auf die eine Engländerin gekommen war: Damals geriet die Insel durch eine Cholera-Epidemie und die durch Rebläuse verlorene Weinernte in eine katastrophale Versorgungslage, und Miss Elisabeth Phelps kaufte den Frauen einige Handarbeiten ab, die sie nach London schickte. Die Madeirenser Stickereien gefielen den reichen Londonerinnen so gut, dass Miss Phelps bald rund 1000 Frauen beschäftigen konnte. Noch heute üben rund 20 000 Madeirenserinnen dieses mühselige Handwerk in Heimarbeit aus, das der Dichter Leandro Jardim als ›Gestickte Gesänge‹ pries: »Sie gibt ihre Seele dem Reif, hält ihn und dreht ihn. Sie stickt. Bis der Blick verschwimmt. Sie schließt den Kreis, kommt an den Punkt, Stich für Stich.« Man kann sicher sein, dass z. B. die kunstvollen Blumenmuster auf der Tischdecke handgestickt sind, wenn das gute Stück ein Siegel des Instituts für Kunsthandwerk (I.B.T.A.M.) trägt. Das Museum des I.B.T.A.M. (s. S. 48) ist ebenfalls empfehlenswert. Und falls Sie etwas für Gobelin-Stickerei übrig haben, sollten Sie auch bei der Firma Kiekeben (s. S. 52) vorbeischauen.

Im Botanischen Garten (s. S. 47) kann man dann die Blumen in natura bewundern, dargeboten in nicht minder kunstvoll angelegten Beeten und Rabatten – Geometrie des Blütenzaubers. Diese subtropische Blütenpracht begleitet Sie auch weiterhin auf dieser Tour: Nur 8 km außerhalb von Funchal in Richtung Camacha liegt die

Extra-Tour

Unverkäuflich: der Zoo von Camacha

auch als ›Blandy's Garden‹ bekannte Quinta do Palheiro (s. S. 47), einer der schönsten Gärten auf Madeira. Wenn Sie einige der kostbaren Blüten mit nach Hause nehmen wollen – in den Blumengeschäften von Funchal werden sie reisefertig verpackt.

Der kleine Ort **Camacha** (H 6, s. S. 30) ist das Zentrum der Korbflechterei auf Madeira, denn in dieser feuchten Wolkenzone (Pullover nicht vergessen!) wachsen die Kopfweiden am besten. Die Rutenäste werden von Januar bis April geschnitten und in großen Bottichen ausgekocht. Die Rinde zu lösen, ist Sache der Kinder und der Frauen. Anschließend sortiert man die Ruten nach Größe und legt sie auf Wiesen oder auf Hausdächern zum Trocknen aus. Wie das Sticken, so wird auch das Korbflechten in Heimarbeit betrieben: So entstehen Körbe, Tabletts, kleine Koffer und Figuren. Doch im Café Relógio kann man auch eine riesige Auswahl an Sesseln, Stühlen, Sofas, Tischen etc. aus Korb bestaunen – und kaufen. Diese größte Exportfirma für Korbarbeiten übernimmt auch den Transport nach Deutschland, wodurch sich der Preis nahezu verdoppelt. Der aus Korb geflochtene ›Mini-Zoo‹ im unteren Geschoss des Cafés ist jedoch unverkäuflich.

Auf dem Weg nach Ribeiro Frio über **Poiso** (H 5) genießt man, falls das Wetter mitspielt, fantastische Ausblicke. Wen es nach lukullischen Genüssen gelüstet, der sollte unbedingt in **Ribeiro Frio** (H 5, s. S. 74) die dort gezüchteten und geräucherten Forellen in Victor's Bar probieren (unbedingt vorbestellen!). Direkt vom Forellenrestaurant aus beginnt eine Levada, an der man einen gemütlichen Verdauungsspaziergang unternehmen kann. Und wem es zu kalt ist (Ribeiro Frio bedeutet nicht umsonst ›Kalter Bach‹), findet dicke, handgestrickte Pullover im rustikalen Design schräg gegenüber im Souvenirshop.

Versäumen Sie nicht, auf der Rückfahrt nach Funchal in **Monte** (G 6, s. S. 58) Halt zu machen. Außer der sehenswerten kleinen Wallfahrtskirche lohnt der Besuch des Tropischen Palastgartens. Und den Rückweg nach Funchal können Sie im Korbschlitten oder in der gläsernen Gondel der Seilbahn (Teleférico) antreten.

Die Weine von Madeira und ein Poncha-Rezept – ein ›köstlicher‹ Ausflug

Für diese Extratour mieten Sie sich am besten ein Taxi, denn die schmalen, kurvenreichen Inselstraßen sollte man nur vollkommen nüchtern befahren … Allzu teuer wird die Taxifahrt nicht werden, da die Strecke insgesamt kurz ist (ca. 30 km).

Die Geschichte des Madeiraweins ist eng mit der britischen Anwesenheit auf der Insel verknüpft – und den Grund für seinen unnachahmlichen Geschmack verdankt er einem Zufall und einem ungehorsamen Matrosen. Im 17. Jh. importierten britische Segelschiffe bereits regelmäßig Wein aus Madeira nach England und in die Kolonien; doch einmal wurde ein mit Fässern voller Wein beladenes Segelschiff in Hongkong abgewiesen, der Kapitän befahl, den ›umgekippten‹ Wein ins Meer zu schütten. Doch ein Matrose probierte den angeblich nicht mehr trinkbaren Inhalt eines Fasses – und war ebenso begeistert wie alle Wein trinkenden Generationen nach ihm …

Der köstlichste Geschmack des Madeiraweins entstehe, wenn er in Holzfässern mindestens zweimal den Äquator überquert habe, am besten heftig schaukelnd, glaubte man lange Zeit. Diese nicht gerade preiswerte Methode war bis 1794 in Gebrauch, bis große Öfen entwickelt wurden, in denen man den Wein auf den Punkt genau erwärmen konnte. Ein paar Jahre später erreichte man noch eine Qualitätsverbesserung: Als Napoleon der Insel mit einer Seeblockade den Handelsweg nach England abschnitt, schütteten die Weinhändler etwas Branntwein in den ›Madeira‹, um ihn haltbar zu machen. Schließlich machte die britische Familie Blandy mit ihrem Weinhandel den Madeirawein weltberühmt – er avancierte zum britischen Nationalgetränk.

Wenn Sie also die Wein-Tour historisch korrekt beginnen möchten, sollten Sie sich im **Reid's** (s. S. 51) mit einer opulenten britischen *teatime* und köstlichen Sandwiches stärken (vorher reservieren!). In den beiden großen Weinkellereien von Funchal (s. S. 49) können Sie die Produktionsschritte en détail verfolgen und die verschie-

Extra-Tour 2

Poncha: Und wie man's macht, erfahren Sie hier!

denen Geschmacksrichtungen der Rebsorten testen: Der *Sercial* ist ein idealer trockener Aperitif, seine Trauben kommen aus den hoch gelegenen Gegenden. Rebsorten aus niedriger gelegenen Zonen sind durch die größere Sonneneinstrahlung süßer, so z. B. der *Verdelho,* den man sogar zum Hauptgericht servieren kann. Der *Bual* dagegen schmeckt etwas nussartig und passt gut einfach so ›für zwischendurch‹, während der weiche dunkle *Malvasia* die klassische Begleitung zum Kaffee nach dem Essen ist – doch probieren Sie selbst.

Und dann: Ab ins Taxi und weiter nach **Estreito de Câmara de Lobos** (F 6, s. S. 32). Das ganze Örtchen lebt vom Wein und der Weinlese. Hier wächst die Canina-Traube, die im August und September nicht nur für den lange reifenden Madeirawein verwendet wird: Die Bauern hier keltern daraus auch einen fruchtigen Wein, der zwar qualitativ nicht besonders hochwertig, aber auf jeden Fall ein Gläschen wert ist. Traditionell werden die Weintrauben in großen Bottichen gestampft, und das heißt in Estreito: Man macht sich einen Mordsspaß daraus, die Trauben mit den nackten Füßen in den Bottichen zu zerstampfen. Auch Touristen sind herzlich eingeladen, mitzustampfen – und natürlich ein Schlückchen Wein zu trinken.

Doch auch, wenn Sie nicht zur Weinlese auf Madeira sind, können Sie hier Ihren Gaumen verwöhnen: mit einem exzellenten Rindfleischspieß und hervorragenden Weinen im Restaurant Santo António (Tel. 291 94 54 39, 291 94 75 86, moderat/teuer).

Danach wartet unten im Fischerort **Câmara de Lobos** (F 7, s. S. 31) noch eine weitere kleine trinkbare Überraschung auf den Besucher. Hier braut man den besten *Poncha* der Blumeninsel. Dieses Getränk ist Relikt aus den längst vergangenen Zeiten des Zuckerbooms. Der hochprozentige Zuckerrohrschnaps wird mit Honig und Zitrone gewürzt und heiß getrunken.

Hier ein **Rezept:**
3 cl Zuckerrohrschnaps,
Bienenhonig nach Geschmack
und Zitronensaft erhitzen
und mit einer Apfelsinenscheibe
garnieren. Na dann – zum Wohl!

Panoramatour – die spektakulärsten Aus-, Ein- und Überblicke

Die Panoramatour können Sie als Tagesfahrt planen, doch es ist auch möglich, an der Nordküste (s. São Vicente S. 79, Seixal S. 80, Porto Moniz S. 66) und in Calheta (s. S. 28) zu übernachten, um eventuell noch etwas zu wandern oder in Porto Moniz zu baden.

Nehmen Sie von Funchal aus die Landstraße über Câmara de Lobos nach **Cabo Girão** (F 7), dem zweithöchsten Felsenkap Europas. Schwindelfreie Besucher wagen sich bis an den Rand des Aussichtspunkts, von dem aus man die handtuchschmalen Terrassen zum Greifen nah sieht und einen spektakulären Blick auf die Südküste hat. Weiter geht es über **Ribeira Brava** (D 6, s. S. 71), wo man an der Küstenpromenade vielleicht eine Pause einlegt, um dann der Beschilderung nach Boca da Encumeada zu folgen. Von dem hübschen Fischerörtchen an der Küste führt die Straße zunächst in ein tiefes Tal und schraubt sich über Serpentinen wieder in die Höhe: Bald hat man einen atemberaubenden Blick auf die Berge und die dahinter liegende Südküste. An der **Pousada dos Vinháticos** (E 5) sollten Sie kurz halten, um den Blick von der Aussichtsterrasse zu genießen. Weiter geht es noch einige Kilometer bis zum **Encumeada-Pass** (E 4, vom Restaurant aus bietet sich ein Spaziergang entlang der Levada das Rabaçal an, s. S. 90), und dann geht es allmählich talwärts Richtung São Vicente (E 3, s. S. 79).

An der Küste biegen Sie links ab Richtung Porto Moniz – nun öffnet sich eine bizarre Felsenlandschaft, an der entlang sich die sehr schmale Straße zieht. Befahren Sie diese Strecke lieber vormittags, da nachmittags viele Touristenbusse unterwegs sind! Unzählige Wasserfälle und Quellen sprudeln und stürzen aus den Felsen, die Tunnel sind von Hand mühselig in das Gestein geschlagen worden. In den Kehren eröffnen sich immer wieder spektakuläre Ausblicke in die tief eingeschnittenen Täler mit ihren schmalen Terrassen, auf denen um Seixal vor allem Wein angebaut wird. An stürmischen Tagen blicken Sie auf die Ehrfurcht

Extra-Tour ❸

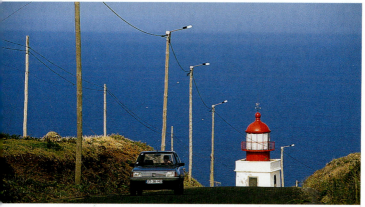

Ponta do Pargo: Hinter der Kuppe lauert nicht nur der Leuchtturm

einflößenden Atlantikbrecher und verstehen gut, wie das Meer die Küstenfelsen zu einem natürlichen Schwimmbad in **Porto Moniz** (B 2, s. S. 66) aushöhlen konnte. Diese natürlichen Jacuzzis sind die größte und nicht zu verfehlende Attraktion in Porto Moniz, in deren smaragdgrünem Wasser bei schönem Wetter Kinder und Touristen plantschen.

Ein Kontrastprogramm dagegen erwartet den Naturliebhaber auf der Hochebene **Paúl da Serra** (C–E 4/5, s. S. 60). Der häufige Nebel verhinderte hier schon ein Flugabenteuer: 1920 wollten zwei tollkühne Portugiesen mit ihrer Maschine vom Festland auf der improvisierten Landefläche landen; die Piloten stürzten jedoch ins Meer und wurden vom Schiff ›Gambia River‹ aus dem Wasser gefischt. Bei schönem Wetter hingegen sorgen ein Farbenspiel in Ocker und skurrile Wolkenformationen für ein unglaubliches ›Himmelstheater‹.

In dieser menschenleeren Gegend von Madeira werden Sie ein paar Hochlandschafe sehen, den ein oder anderen Weiler, blühendes Heidekraut. Die Weiterfahrt hängt vom Wetter und Ihrem Zeitbudget ab: Eilige fahren über Boca da Encumeada und Ribeira Brava zurück nach Funchal, jedoch besser nicht bei Nebel. In diesem Fall – und wenn Sie die Tour mit einem Abstecher an die Südküste verbinden wollen – biegen Sie bei Rabaçal nach **Calheta** (B 5, s. S. 28) ab und fahren über **Madalena do Mar, Ponta do Sol** und **Ribeira Brava** zurück nach Funchal. Oder Sie fahren zur Abwechslung entlang der Küstenstraße, die auch über Câmara de Lobos führt, wo Sie die Tour mit einem Glas Poncha beenden können.

Falls die Hochebene wegen starken Nebels überhaupt nicht zu befahren ist, bietet die Umrundungsstrecke über Achadas da Cruz und Ponta do Pargo ebenfalls viele Highlights: Zunächst gelangen Sie über Serpentinen und durch einen idyllischen Wald hoch nach **Achadas da Cruz**, können in **Ponta do Pargo** (A 3, s. S. 63) auf das Kap (Abstecher zum Leuchtturm, *farol*, empfehlenswert) sehen und durch winzige Örtchen mit mächtigen Bougainvilleen über den Rücken des Küstengebirges an die Südküste gelangen.

Dreimal Wandern – dreimal Levadas

Ausgangspunkt Rabaçal: Levada do Risco und Levada dos 25 Fontes

Die Gegend um Rabaçal (s. S. 61) gleicht einer verwunschenen Märchenlandschaft: Moosbewachsene Wege führen durch dichten Wald, in dem auch rauschende Wasserfälle nicht fehlen. Von Calheta kommen Sie über die EN 204 Richtung Porto Moniz nach Rabaçal. Vorsicht ist auf der extrem schmalen Straße geboten, die zum Parkplatz neben einem Rasthaus führt. Der Verbindungsweg zur *Levada do Risco* beginnt rechts neben dem Gasthaus. Die Levada selbst führt am Hang entlang – in 1030 m Höhe. Nach etwa 5 Min. zweigt links die *Levada dos 25 Fontes* ab, doch zunächst wandern Sie weiter geradeaus. Rechnen Sie mit nassen Füßen, wenn Sie den Überlauf des Wasserfalls einige Minuten später passieren, der sattgrüne Moosteppich, auf dem Sie laufen, mag Sie entschädigen ... Der Risco-Wasserfall ist nicht mehr weit. Steigt man an der Wegkreuzung rechts die Betonbefestigung hoch, erreicht man den Aussichtspunkt: Aus 100 m Höhe stürzen die Wassermassen herab.

Wenn Sie denselben Weg bis an die beschilderte Wegkreuzung zurückgehen und dort dem Hinweis ›Levada dos 25 Fontes‹ folgen, sollten Sie sich wieder rechts halten, um den Risco-Wasserfall aus einer anderen Perspektive zu sehen. Der folgende Abschnitt wäre extrem Schwindel erregend, wenn die Levada nicht eine recht hohe Betonmauer schützte. Nach ca. 1 Std. 10 Min. Laufzeit führt ein Pfad an einer Schleuse vorbei rechts bergauf, und Sie stehen vor dem Becken, in das ›25 Fontes‹, 25 Wasserfälle stürzen – tatsächlich sind es etwas weniger, was jedoch der romantischen Schönheit dieses Fleckchens keinen Abbruch tut. Plantschbad im kristallklaren Quellwasser ist erlaubt!

Dauer: Levada do Risco ca. 15–20 Min. Hinweg Levada dos 25 Fontes: ca. 1 Std. 15 Min.
Ausrüstung: wasserdichtes Schuhwerk, Regenjacke, Pullover, Badezeug, Teleskopstock.

Ausgangspunkt Queimadas: Levada Caldeirão Verde

Die schwierigste, doch auch eine der schönsten Wanderungen auf

Extra-Tour ❹

Rabaçal: Wer möchte nicht mal durch den Zauberwald streifen?

Madeira führt den Besucher in urwaldüberzogene Berge und Täler.

Von Santana (s. S. 76) aus fahren Sie in südlicher Richtung nach Queimadas und folgen am Parkplatz der Ausschilderung ›Caldeirão Verde‹ und ›Caldeirão Inferno‹. Hinter der Holzbrücke und dem Schwanenteich beginnt die *Levada do Caldeirão Verde* – der sattrote Lehmboden ist ziemlich rutschig! Unterwegs durch den Regenwald eröffnen sich fantastische Ausblicke in abgelegene Schluchten wie die Schlucht des Zedern-Flusses (Ribeira dos Cedros, nach ca. 30 Min.) und der Ribeira da Fonte do Louro (ca. 15 Min. später). Nach etwa 1 Std. hat man den ersten von vier Tunnels erreicht, dann, nach weiteren 30 Min., kommt man an eine Schleuse und kann links, die Levada verlassend, den Pfad hochsteigen, der zum Wasserfall von Caldeirão Verde führt. Folgt man der Levada weiter, gelangt man nach etwa 10 Min. zu einem Hangvorsprung über dem Tal der Ribeira Grande.
Dauer: Hinweg knapp 2 Std.
Ausrüstung: rutschfestes Schuhwerk (Wanderstiefel), Taschenlampe, Pullover, regenfeste Jacke, Teleskopstock. Die Wanderung eignet sich am besten für den Sommer.

Ausgangspunkt Raposeira: Levada Calheta – Ponta do Pargo

Diese Panorama-Levada führt über die Hänge der Südküste und eröffnet spektakuläre Ausblicke auf Felsenküste und Meer. Leicht und ungefährlich, ist sie das ganze Jahr über interessant – im Hochsommer können Sie das Blütenmeer genießen, im Herbst oder Winter beeindrucken die Wolkenformationen über der Hochebene Paúl da Serra. Da die *Levada Nova* immer in der Nähe der Nationalstraße verläuft, können Sie die Wanderung beliebig beginnen, jederzeit beenden und mit dem Bus zurückfahren. Eine sehr schöne Strecke beginnt in Raposeira: entweder Richtung Osten nach Prazeres (ca. 5 km, ca. 1 Std. 15 Min.) oder nach Westen Richtung Ponta do Pargo bis Lomba dos Marinheiros (9 km, 2 Std. 15 Min.), wo die Levada die Straße kreuzt.
Ausrüstung: Sonnenschutz und -hut, im Frühjahr und Herbst Windjacke, ev. Teleskopstock.

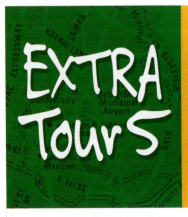

Ein Ausflug zur Nachbarin – nach Porto Santo

Ein Ausflug auf die Nachbarinsel **Porto Santo** (s. Nebenkarte) ist nicht nur für Badefreunde interessant, obwohl der herrliche goldgelbe Sandstrand zugegebenermaßen die Hauptattraktion ist. Mit dem Flugzeug erreicht man Porto Santo schon in 15 Min., mehrmals täglich gibt es Hin- und Rückflüge, doch vor allem im Sommer sollte man frühzeitig reservieren, da die Madeirenser gern eine Stippvisite an den Strand machen. Nur die Hälfte des Flugpreises kostet die Überfahrt per Schnellboot, dafür dauert die ›Seereise‹ 90 Min. bis 2 Std. Plant man einen Tagesausflug, nimmt man das erste Boot um 7.30 Uhr nach und das letzte von Porto Santo (17.30 Uhr). Die Überfahrt entlang der Küste von Madeira, um die Halbinsel São Lourenço und den immerhin 2300 m tiefen Meeresgraben zwischen Madeira und Porto Santo ist ein interessantes Erlebnis, wenn man nicht seekrank wird.

Vom Anleger bzw. vom Flughafen bringt Sie ein Taxi in die ›Hauptstadt‹ **Vila Baleira** (s. S. 69), deren gemütliches Flair zum Herumschlendern und einem Imbiss im Straßencafé einlädt. In der Rua Dr. Nuno S. Teixeira können Sie ein Taxi für die Rundfahrt nehmen (4 Personen ca. 25 €), es besteht aber auch die Möglichkeit, an einer organisierten Rundfahrt teilzunehmen (z. B. Agentur Lazermar, Higino Santos, Handy 091 09 36 51 13 90) oder bei ruhiger See Porto Santo auf dem Wasser zu umrunden. Ein Mietwagen kostet für einen Tag 17–25 €. Veranschlagen Sie für die Rundfahrt über die ›Ilha Dourada‹, die Goldene Insel, ca. 3 Std.

Zunächst geht es auf den **Pico do Castelo,** der mit seinen 438 m Höhe schon ein stolzer Gipfel für die ansonsten sehr flache Insel ist. Hier hatten die Einwohner von Porto Santo eine Festung gebaut, in der sie sich vor den regelmäßigen Piratenüberfällen schützten; von der kleinen Fluchtburg aus konnten sie zusehen, wie ihre Häuser an der Küste in Flammen aufgingen ... Auf dem Nachbarberg Pico do Facho (517 m) waren rund um die Uhr die Wachen postiert, um das Meer nach verdächtigen Schiffen abzusuchen. Falls ein

Extra-Tour

Porto Santo: unendliche Weiten für Sonnenhungrige

Piratenschiff nahte, entzündeten sie zur Warnung der Einheimischen unzählige Fackeln – die Warnfeuer waren bis Madeira zu sehen. Vom ›Schlossberg‹ aus hat man auch einen guten Blick auf den Flughafen mit seiner über 3 km langen Rollbahn, auf die die Bewohner aus Porto Santo sehr stolz sind: können hier doch viel größere Maschinen landen als auf Madeira.

In dem Örtchen **Camacha** steht eine 150 Jahre alte Windmühle – früher gab es derer viele auf der ganzen Insel (theoretisch ist sie auch zu besichtigen) –, und es gibt vorzügliche Grillhähnchen (*frango asado*, im Restaurant Estrela do Norte gegenüber der Mühle). Der Wein, der in Camacha wächst, ist auch ein Probiergläschen wert: Der goldgelbe *Verdelho* hat sonnengetränkte 13 % Alkohol. Falls Sie sich aber ein Picknick aus Vila Baleira mitgebracht haben, könnten Sie es mit Blick auf zerklüftete Felsen und heftige Brandung in Fonte da Areia verzehren – und zum Nachtisch vielleicht einen Schluck aus der berühmten Süßwasserquelle nehmen, die, so will es die Legende, ewige Jugend verleiht.

Fahren Sie nach Camacha zurück und folgen der Hauptstraße; sie führt über grüne und ockerfarbene Felsbuckel, die man mit viel Mühe aufforstet. Erste Ergebnisse sind auch schon in **Serra de Dentro,** der wasserreichsten Gegend von Porto Santo, und **Serra de Fora** sichtbar. Viele Bauern haben aber trotzdem den mühseligen Kampf, die karge Erde zu bebauen, aufgegeben und sind nach Madeira ›ausgewandert‹.

Vom Aussichtspunkt **Portela** breitet sich die Südküste mit dem endlosen Strand aus. Und wenn es Sie nicht zum Baden zieht, fahren Sie noch kurz durch Campo de Cima und Campo de Baixo, um sich Windmühlen und z. T. sehr hübsche Ferienhäuser anzusehen (privat zu mieten bei: Higino Santos, Handy 091 09 36 51 13 90).

Im Örtchen **Ponta** können Sie Pferde oder eine Kutsche mieten (Centro Hípico, Tel. 291 98 31 65) und im äußersten Südwestzipfel der Insel, an der **Ponta da Calheta,** mit Blick auf zerklüftete Felsinseln ein Glas Madeirawein auf die untergehende Sonne trinken (Restaurant Pôr do Sol, Tel. 291 98 43 80, 291 98 20 02).

Impressum/Fotonachweis

Fotonachweis

Titel: Auf dem Markt von Funchal
Vignette: Mädchen bei der *Festa das Flores* in Funchal
S 2/3: Blick vom Cabo Girão
S 4/5: Darbietung auf der *Festa das Flores* in Funchal
S. 26/27: Blick auf Curral das Freiras

Alle Bilder fotografierte: **Miquel Gonzalez** (laif, Köln)
Titelbild: **Thomas Kanzler** (Diessen)

Kartografie: Berndtson & Berndtson Productions GmbH, Fürstenfeldbruck
© DuMont Reiseverlag

Danksagung:

Die Autorin bedankt sich herzlich bei Jorge Breitfuß, Júlio de Sousa und Daniel Serrão.
Um grande abraço à Maria Aurora Carvalho Homen, João Pestana, Teresa e Maria.

Alle in diesem Buch enthaltenen Angaben wurden von der Autorin nach bestem Wissen erstellt und von ihr und dem Verlag mit größtmöglicher Sorgfalt überprüft. Gleichwohl sind inhaltliche Fehler nicht vollständig auszuschließen. Ihre Korrekturhinweise und Anregungen greifen wir gern auf. Unsere Adresse: DuMont Reiseverlag, Postfach 101045, 50450 Köln. E-Mail: info@dumontreise.de

---

Die Deutsche Bibliothek – CIP-Einheitsaufnahme

Langenbrinck, Ulli:
Madeira / Ulli Langenbrinck.
- Köln : DuMont, 2002
(DuMont Extra)
ISBN 3-7701-5768-0

Grafisches Konzept: Groschwitz, Hamburg
© 2002 DuMont Reiseverlag, Köln
Alle Rechte vorbehalten
Druck: Rasch, Bramsche
Buchbinderische Verarbeitung: Bramscher Buchbinder Betriebe

ISBN 3-7701-5768-0

Register

Abrigo da Montanha 77
Achada da Teixeira 77
Achadas da Cruz 89
Anreise 23
Arco da Calheta 28f.
Auskunft 22

Baden 18
Behinderte 25
Boca da Encumeada 73

Cabo Girão 9, 32, 88
Calheta *28f.*, 89
Camacha *30*, 50, 85
Câmara de Lobos *31ff.*, 50, 87
Canhas 64
Caniçal *33ff.*
Caniço *35ff.*
Curral das Freiras *38*, 50

Desertas-Inseln 13

Einreise 22f.
Eintritt 25
Eira do Serrado 38
Encumeada-Pass *38f.*, 73, 88
Essen *16f.*
Estreito de Câmara de Lobos 32, 87

Faial *39f.*, 66
Feiertage (gesetzlich) *15*
Ferien mit Kindern 19
Feste *14f.*
Freizeit *18f.*
Funchal 6f., *41ff.*, 84, 86
– Alfândega Velha 44
– Anglikanische Kirche 46
– Avenida Arriaga 42
– Blandy's Garden s. Quinta do Palheiro Ferreiro
– Britischer Friedhof 46
– Capela de Corpo Santo 44
– Casa-Museu Frederico Freitas 48
– Convento de Santa Clara 46
– Denkmal Heinrich des Seefahrers 44
– Igreja de São Pedro 45f.
– Igreja do Colégio 45
– Igreja do Socorro 45
– Jardim Botánico 47
– Jardim Municipal 42
– Kathedrale Sé 44
– Kolumbus-Museum 49
– Madeira Wine Company 43
– Mercado dos Lavradores 44
– Museu da Electricidade 47
– Museu da Wine Association 49
– Museu de Arte Contemporánea 45
– Museu de Arte Sacra 48
– Museu do I.B.T.A.M. 48f.
– Museu do Vinho 49
– Museu Henrique e Francisco Franco 49
– Museu Municipal do Funchal História Natural 48
– Museu Photographía Vicentes 49
– Núcleo Museológico A Cidade do Açúcar 48
– Pelourinho 7, 44
– Praça Municipal 45
– Quinta das Cruzes 46
– Quinta do Bom Sucesso s. Jardim Botánico
– Quinta do Palheiro Ferreiro *47*
– Quinta Magnólia 47
– Quinta Vigía 42
– São Lourenço (Festung) 43
– São Tiago 45
– Teatro Municipal Baltazar Días 43
– Teleférico (Seilbahn) 44

Geschichte *6f.*
Golf 19
Gut zu wissen *12f.*

Hochseeangeln 18

Jardim do Mar 29

Levadas 19, 28, 30, 39, 59, 61, 63, 64, 65, 66, 68, 73, 74, 77, 78, *90f.*

Register

Lombada da Ponta do Sol 64, 73

Machico 35, *54ff.*
Madalena do Mar *57f.*, 73, 89
Monte 40, 50, *58ff.*, 85

Öffnungszeiten vordere Klappe, 25

Paso de Encumeada
  s. Encumeada-Pass
Paso do Portela
  s. Portela-Pass
Paúl da Serra 8, *60f.*, 89
Paúl do Mar 29, 64
Penha d'Águia 40
Pico da Torre 33
Pico do Arco 29
Pico do Arieiro 40, *61f.*
Pico do Facho 35, 57, 92
Pico Ruivo *62*, 77
Poiso 85
Ponta Delgada *63*
Ponta do Pargo *63f.*, 89
Ponta do Sol *64f.*, 73, 89
Portela *65*, 78
Portela-Pass 57, *65f.*
Porto da Cruz 57, *66*
Porto Moniz 9, 66ff., 89
Porto Santo 9, *68ff.*, *92f.*
Pousada do Vinháticos 88

Queimadas 77
Quinta do Palheiro 85

Reise-Service *22ff.*
Reisezeit 22
Reiten 19
Ribeira Brava *71ff.*, 88
Ribeira da Janela 68
Ribeiro Frio 40, *74f.*, 78, 85

Santa Cruz *75f.*
Santana *76ff.*
Santo da Serra 30, 57, 76, *78f.*
São Jorge 77
São Lourenço 34
São Roque do Faial 40
São Vicente 73, *79f.*
Segeln 19
Seixal *80f.*
Sport *18f.*
Sprachführer *21f.*
Squash 19

Tauchen 18
Tennis 19
Terreiro da Luta 60
Trinken *17*

Unterkunft 24f.
Unterwegs auf Madeira 23f.

Vila Baleira s. Porto Santo

Währung 25
Wandern 18
Windsurfen 19